por
Barbara Getty e Inga Dubay

GETTY-DUBAY® SERIE DE LA LETRA ITÁLICA

LIBRO A ▪ Itálica Básica
Altura de la letra: 14 mm

LIBRO B ▪ **Itálica Básica**
Altura de la letra: 11 mm y 9 mm

LIBRO C ▪ Itálica Básica y Cursiva
Altura de la letra: 9 mm y 6 mm   Introducción a la itálica cursiva

LIBRO D ▪ Itálica Básica y Cursiva (Edición en idioma inglés)
Altura de la letra: 6 mm y 5 mm

LIBRO E ▪ Itálica Básica y Cursiva (Edición en idioma inglés)
Altura de la letra: 6 mm, 5 mm y 4 mm

LIBRO F ▪ Itálica Básica y Cursiva (Edición en idioma inglés)
Altura de la letra: 6 mm, 5 mm y 4 mm

LIBRO G ▪ Itálica Básica y Cursiva (Edición en idioma inglés)
Altura de la letra: 5 mm y 4 mm

MANUAL DE INSTRUCCIONES (Edición en idioma inglés)

LIBRO B ▪ EDICIÓN EN ESPAÑOL

Copyright 2021 por Handwriting Success, LLC
ISBN 978-1-7334352-4-6

CUARTA EDICIÓN
Copyright 2012 por Barbara M. Getty e Inga S. Dubay
TERCERA EDICIÓN
Copyright 1994 por Barbara M. Getty e Inga S. Dubay
SEGUNDA EDICIÓN
Copyright 1986 por Barbara M. Getty e Inga S. Dubay
EDICIÓN CORREGIDA
Copyright 1980 por Barbara M. Getty e Inga S. Dubay
PRIMERA EDICIÓN
Copyright 1979 por Barbara M. Getty e Inga S. Dubay

Todos los derechos reservados.
Está prohibido la reproducción total o parcial
sin la autorización expresa escrita del titular de los derechos.

La marca Getty-Dubay® es una marca comercial registrada de la empresa en los Estados Unidos.

Publicado por Handwriting Success, LLC, Portland, Oregon USA

Distribuido por Ingram

Diseño de portada: Sinda Markham
Imagen de portada: Cascada en Columbia Gorge, Oregon, USA
Imagen de contraportada: Araña tejedora de orbes; Ánades

Dedicamos la edición en español a la memoria de Christine Colasurdo; calígrafo, autor, artista, educador.

TABLA DE CONTENIDO

iii	Introducción	28	n · nido
iv	Getty-Dubay® Alfabeto de Itálica Básica	29	N · navío
v	Recordatorios	30	o · octágono
1	Patrones fundamentales de movimiento de la mano	31	O · osos
		32	p · pelota
2	a · abeja	33	P · pizza
3	A · avión	34	q · quesa
4	b · ballena	35	Q · panqueques
5	B · baloncesto	36	r · rana
6	c · caballo	37	R · regalo
7	C · cocos	38	s · sombrero
8	d · delfín	39	S · silla
9	D · dinosaurio	40	t · tortuga
10	e · erizo	41	T · tenedor
11	E · estrellas	42	u · unicornio
12	f · fruta	43	U · universidad
13	F · futbol	44	v · vela
14	g · girasol	45	V · valle
15	G · guitarra	46	w · sándwich
16	h · huevo	47	W · windsurf
17	H · hexágono	48	x · xilófono
18	i · insecto	49	X · examen
19	I · isla	50	y · yoga
20	j · joyas	51	Y · yoyo
21	J · jabón	52	z · zorro
22	k · kiwi	53	Z · zoológico
23	K · karate	54	Numerales 1-5
24	l · llave	55	Numerales 6-9
25	L · libro	56	Palabras de Color
26	m · monte	57	Escoja una letra
27	M · moto	58	Líneas de 9 mm
		59	Líneas de 11 mm

LA SERIE DE LA LETRA ITÁLICA GETTY-DUBAY®

Este es el segundo de los siete libros de trabajo de la Serie de la letra itálica Getty-Dubay® para escribir a mano, la cual está diseñada para niños que empiezan a leer y escribir y se recomienda para los primeros años de educación formal.

Las veintisiete letras, en sus versiones minúscula y mayúscula, se presentan en orden alfabético, una en cada página. La herramienta de escritura estándar es el lápiz, aunque pueden utilizarse otras herramientas, como un bolígrafo con punta de fibra.

Cada página está diseñada para que el estudiante empiece por trazar los modelos, siguiendo cada letra sobre los puntos, luego usar los espacios en blanco y escribir la letra lo más parecida posible al modelo en la casilla vacía en cada página.

Esta serie no busca ser un programa de lectura; sin embargo, recordemos que la comunicación escrita está compuesta de palabras y enunciados, no de letras aisladas. Para reforzar la forma en la que usamos las letras, también se incluyen palabras y enunciados alusivos a la letra de cada página. Por medio de la instrucción directa, revise las letras y el vocabulario con el estudiante antes de pasar a la página correspondiente del libro.

Es fundamental que el instructor explique el uso de los puntos y las flechas para ayudar al alumno a realizar los ejercicios de las páginas satisfactoriamente.
La evaluación es clave para mejorar. El método de autoevaluación empleado en la Serie de la letra itálica Getty-Dubay® para escribir a mano permite que el estudiante supervise su propio avance. En el Paso 1, se pide al estudiante que vea su escritura y diga cuál es la mejor. Las preguntas generalmente se responden con un "sí", si se terminó la tarea, o un "no" si aún no está completa. En el Paso 2, se pide al estudiante que planee lo que necesita mejorar y cómo puede hacerlo. En el Paso 3, se pide al estudiante que ponga en práctica su plan. (En los LIBROS A, B y C solo se incluye el Paso 1). Este formato de MIRAR, PLANEAR, PRACTICAR desarrolla la capacidad de autoevaluación del estudiante, la cual podrá aplicar a todas las situaciones de aprendizaje.

En conjunto con este libro, utilice el MANUAL DE INSTRUCCIÓN de la Serie de la letra itálica Getty-Dubay®. En él encontrará explicaciones y descripciones detalladas de las letras minúsculas y mayúsculas, las uniones (ligaduras) y los números, enfatizando la forma, el golpe, el tamaño, la inclinación y el espaciado entre las letras, así como la velocidad de la escritura. También incluye actividades de escritura a mano.
El LIBRO C es el que sigue a este libro y está diseñado para reforzar las formas básicas de las letras y presentar una introducción a la letra cursiva itálica.

Los LIBROS D, E, F y G de esta serie ofrecen un programa completo de la escritura a mano en itálica. Los LIBROS B, C y D también ayudan a las personas que están aprendiendo el Españga como segunda lengua.

El formato de este libro fue diseñado para adaptarse tanto al estudiante diestro como al zurdo. Cuando está abierto, cabe fácilmente en la superficie de un escritorio pequeño y no hay páginas adicionales que estorben a la izquierda o a la derecha, por lo que el estudiante puede concentrarse en una página a la vez. Desde el primer día, use hoja de referencia y gráficos murales Getty-Dubay Itálica Básica.

RECORDATORIOS DE ESCRITURA A MANO DE GETTY-DUBAY®

CÓMO AGARRAR EL LÁPIZ

Pida al alumno que sostenga el lápiz entre los dedos pulgar e índice, usando el dedo medio como soporte.  Deje que el cuerpo del lápiz se apoye sobre el nudillo del dedo medio. Debe agarrarlo firmemente y evitar presionar demasiado. Para que se relaje el mano, pídale que pulse tres veces el lápiz con el dedo índice.

COLOCACIÓN DEL PAPEL

ZURDO: Si el estudiante zurdo, debe escribir con la muñeca 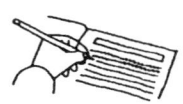 debajo de la línea, girando el papel para que se incline hacia la derecha, como lo indica el dibujo.
 Si el estudiante zurdo escribe con la muñeca encima de la línea, gire el papel para que se incline hacia la izquierda, como se ve en la imagen.

DIESTRO: Si el estudiante es diestro, debe girar el papel para que se incline a la izquierda, como lo indica la imagen.

POSTURA

El alumno debe descansar los pies en el piso y mantener recta la espalda, sin encorvarse. Debe relajar los antebrazos en la superficie que se use. El estudiante sostiene el papel con la mano que no escribe, de modo que el área de escritura esté centrada frente a él.

HOJA DE PRACTICAS

Libro A: Puede usar papel pautado o blanco junto con el libro.

VOCABULARIO

MATERIALES

1. FICHAS: Hojas para practicar
2. GRÁFICOS MURALES: Letra itálica básica y cursiva
3. HOJAS DE REFERENCIA PARA ESCRITORIO: Letra itálica básica y cursiva

INSTRUCCIONES

Para una experiencia beneficiosa y exitosa, es necesario que el estudiante reciba varias sesiones de instrucción cada semana.
LIBRO A: Se recomiendan sesiones de 5 a 10 minutos. Consulte el MANUAL DE INSTRUCCIONES.

- SECUENCIA DE FORMA Y TRAZO: enseñar la letra itálica básica según las familias de letras o de acuerdo con el programa de lectura de primer grado.
- INCLINACIÓN: fomente una inclinación de letra consistente. Las letras verticales (inclinación 0) pueden ser las más fáciles de enseñar a los estudiantes principiantes.
- TAMAÑO: Al empezar, permita que los estudiantes escriban letras de cualquier tamaño en la hoja de papel en blanco; después, presente el libro. Se recomienda un avance de una letra (minúscula y/o mayúscula) cada semana.

ESPACIOS

Cuando sus estudiantes escriban palabras, pídales que dejen un espacio entre palabras igual al ancho de dos dedos pequeños. A medida que sus habilidades mejoren, pueden dejar menos espacio.

EVALUACIÓN

La Serie de Escritura Itálica Getty-Dubay proporciona un método de autoevaluación llamado 'MIRAR, PLANEAR, PRACTICAR', el cual permite que el estudiante observe su progreso. En este libro se utiliza la primera etapa: MIRAR. La evaluación es integral al mejoramiento de la escritura; en este libro se introduce la primera de tres etapas en el método 'MIRAR, PLANEAR, PRACTICAR'. Los estudiantes miran lo que han escrito y contestan las preguntas de la página. La imagen del lápiz indica que el estudiante debe escribir una respuesta, que generalmente es escoger 'si' o 'no'. El estudiante puede celebrar su progreso si dibuja estrellas o caritas sonrientes en las páginas.

Nombre:

Líneas de 11 mm. Puede sacar una copia de esta página para usarla junto con la Serie de la letra itálica Getty-Dubay

Nombre: *Practicar cada patrón para completar el ejercicio.*

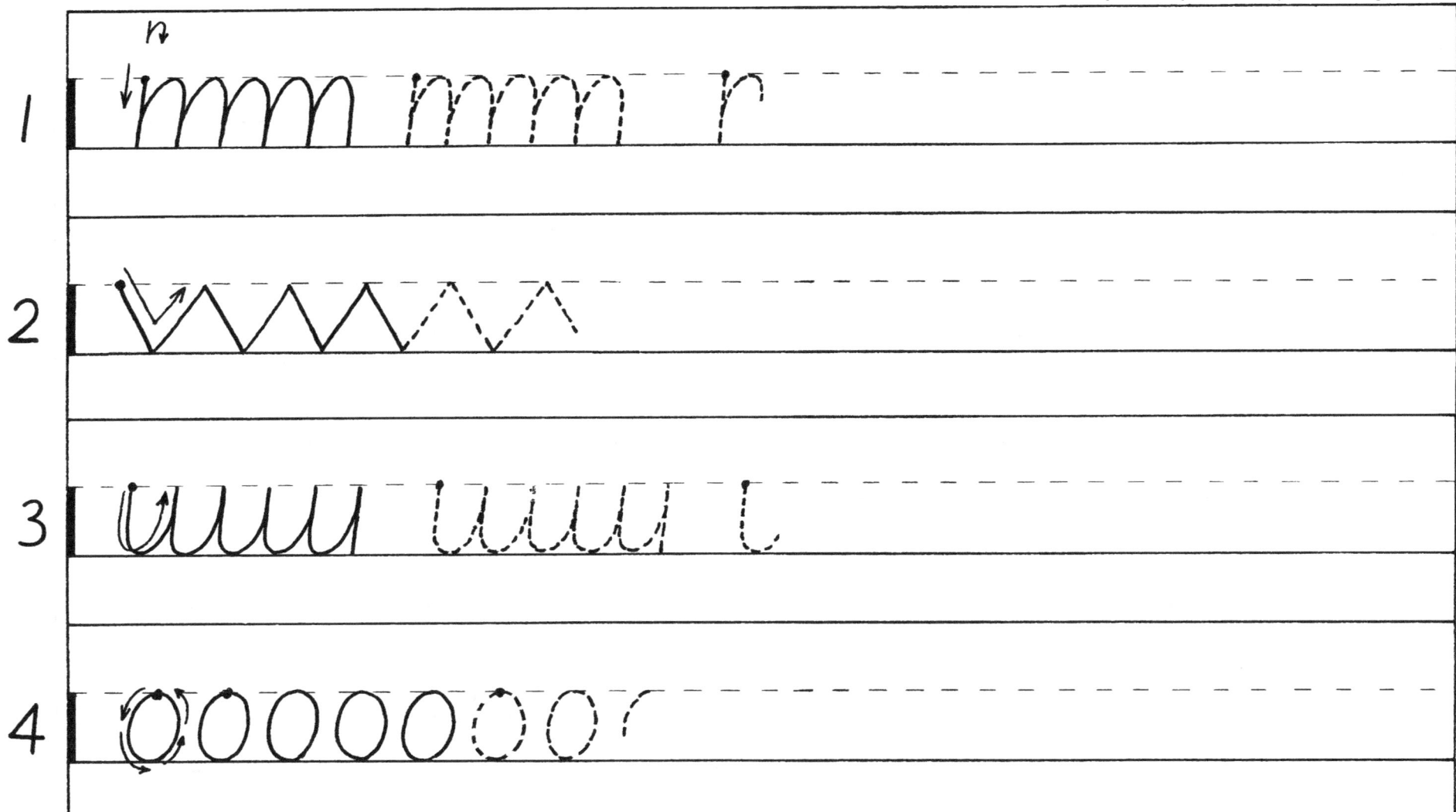

Nombre:

Líneas de 9 mm. Puede sacar una copia de esta página para usarla junto con la Serie de la letra itálica Getty-Dubay

Escoge una letra

① Escoge una letra. ② Busca en este libro la página dedicada a la letra. ③ En tu hoja de papel, escribe la letra. ④ Escribe varias palabras que contengan la letra. ⑤ Con las palabras que escribiste, haz tu propia oración.

vaso

vehículo

vela

vive

vista

vacaciones

V

ventana

valle

voz

Víctor vive en el valle y tiene una vela en la ventana.

Esta es una actividad abierta.

abchdefghijkllmnñopqrrstuvwxyz

Leer, trazar, escribir:

1. roja roja
2. naranja naranja
3. amarilla amarilla
4. verde verde
5. azul azul
6. morada morada

9 mm · revisión de letras usando palabras de colores

Nombre:

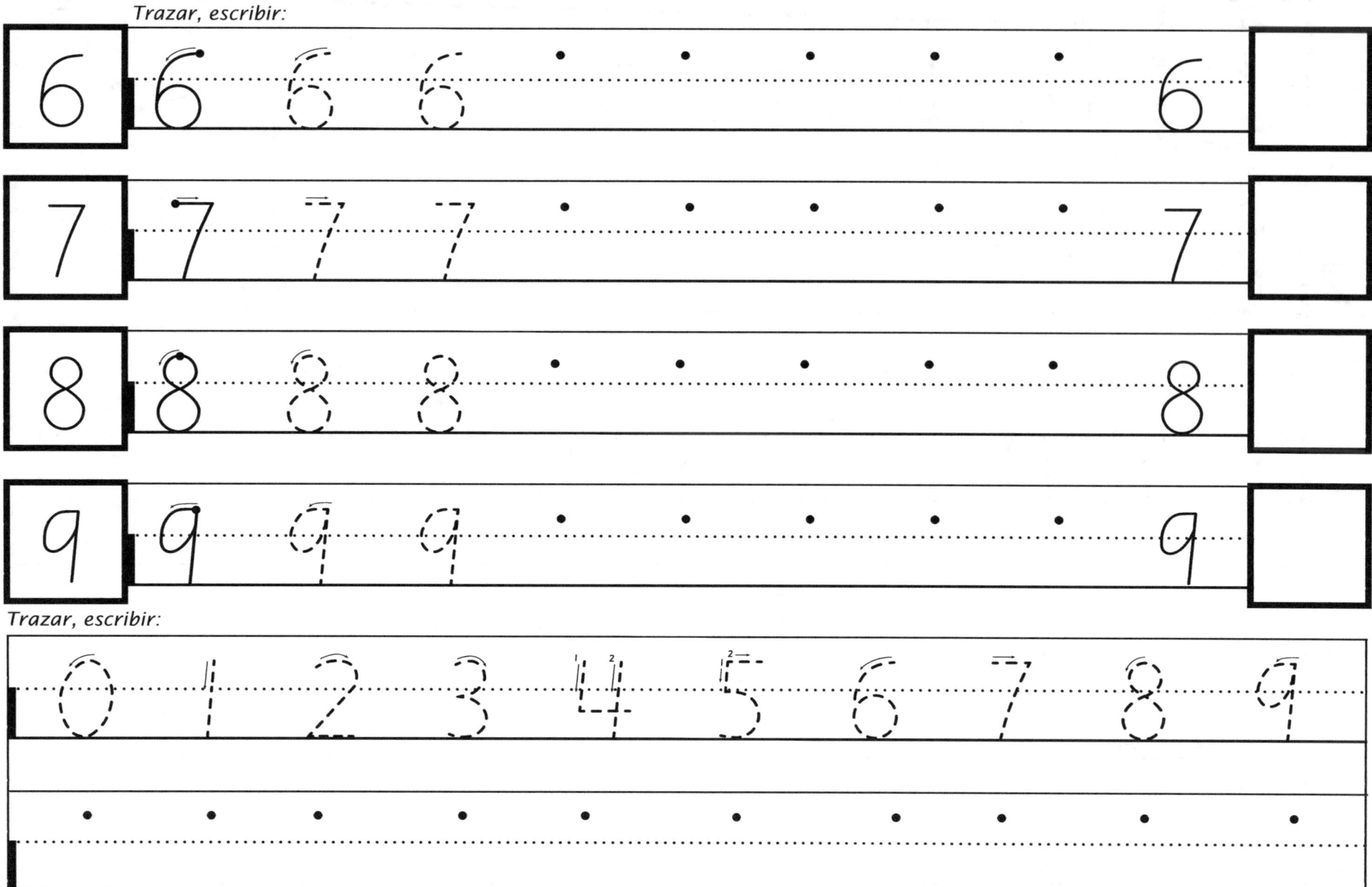

9 mm · Numerales

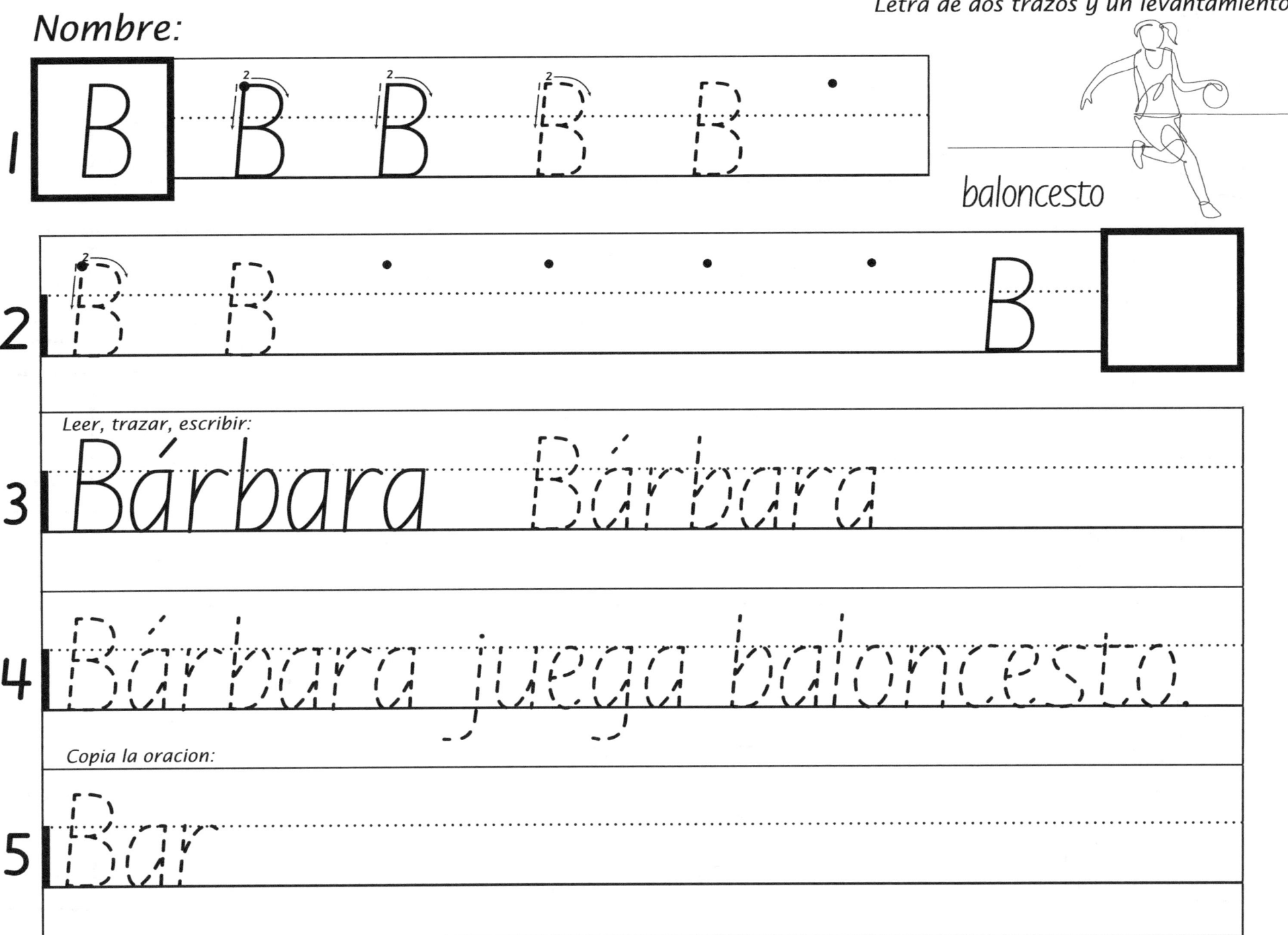

Nombre:

Trazar, escribir:

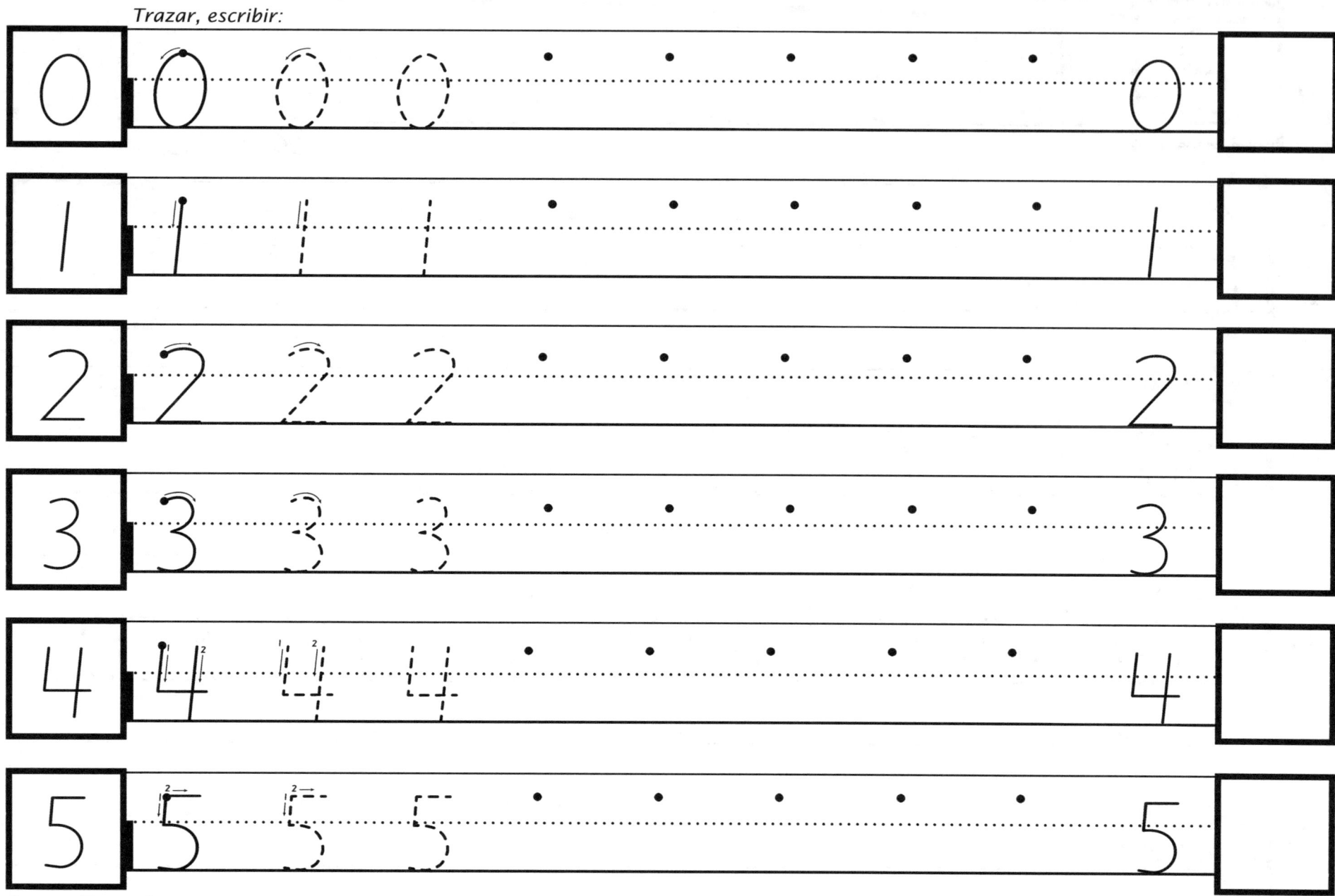

9 mm · Numerales

Nombre:

Letra de un solo trazo, sin levantamiento (familia c, e, o, s)

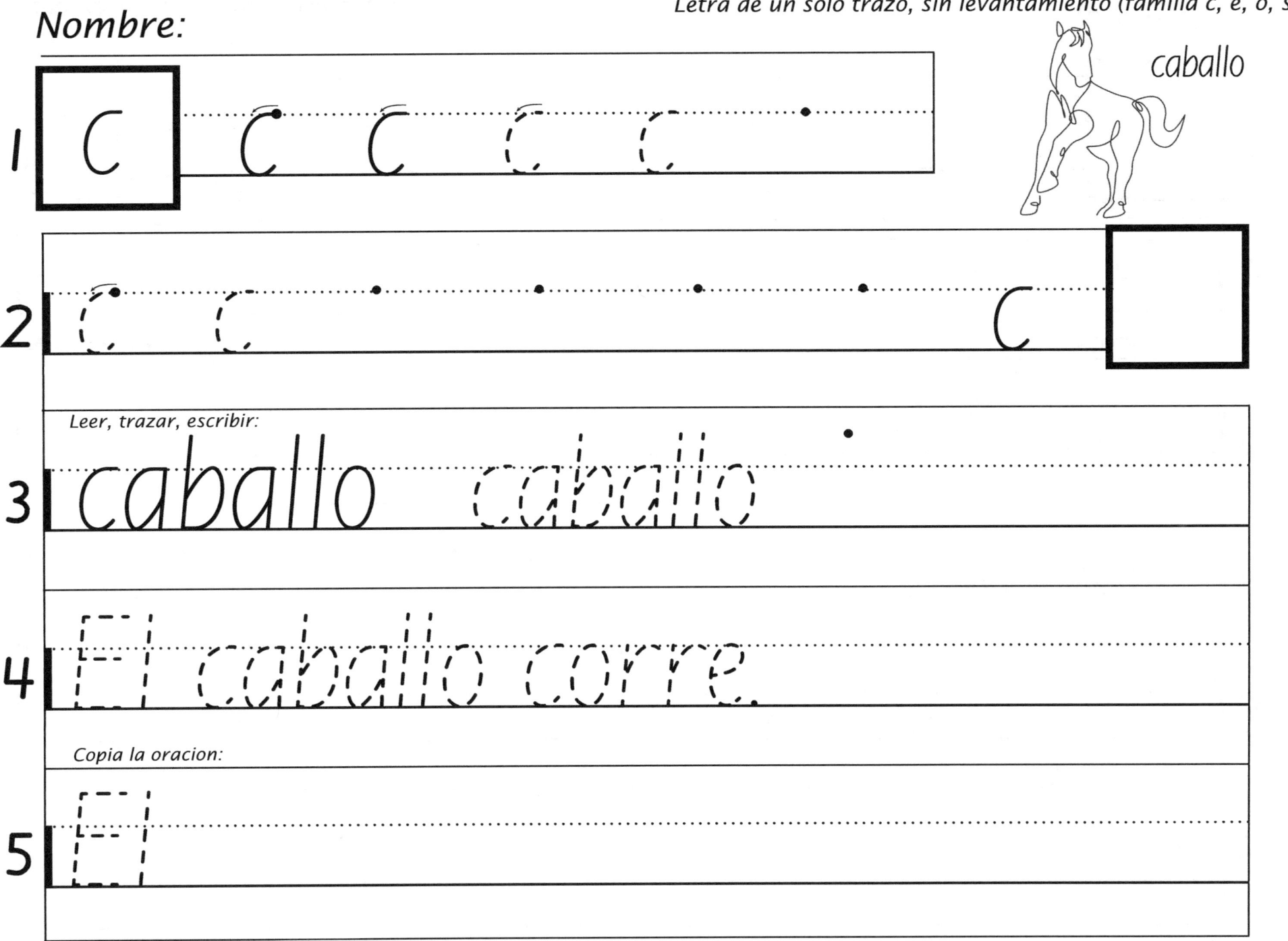

caballo

1. c c c c c

2. c c c

Leer, trazar, escribir:

3. caballo caballo

4. El caballo corre.

Copia la oracion:

5. El

11 mm

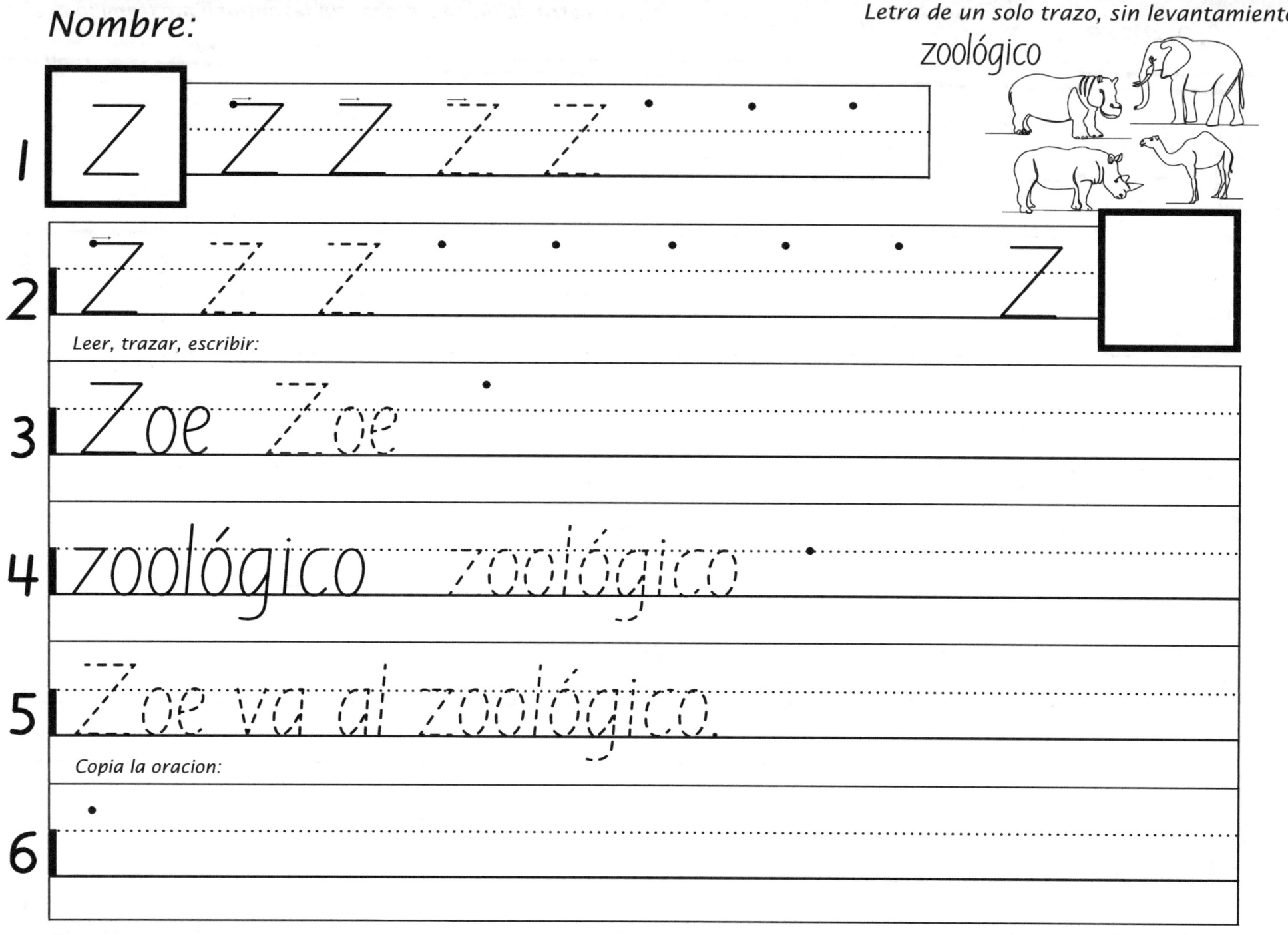

Nombre:

Letra de un solo trazo, sin levantamiento

COCOS

1. C C C C C

2. c c c c c c

Leer, trazar, escribir:

3. Cocos   Cocos

4. ¿Cuántos cocos hay?

Copia la oracion:

5. ¿Cu

11 mm

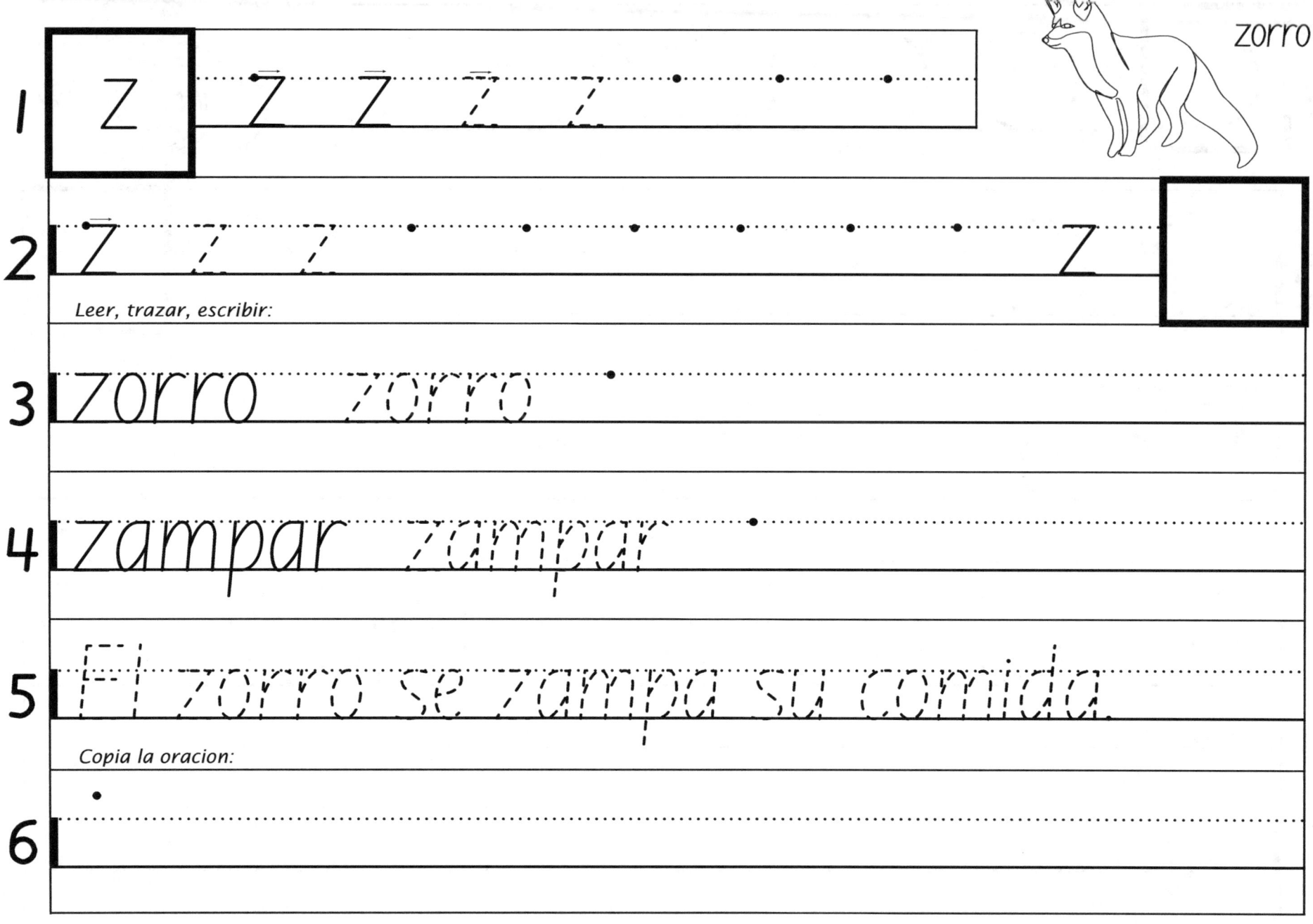

Nombre:

Letra de dos trazos y un levantamiento

yoyo

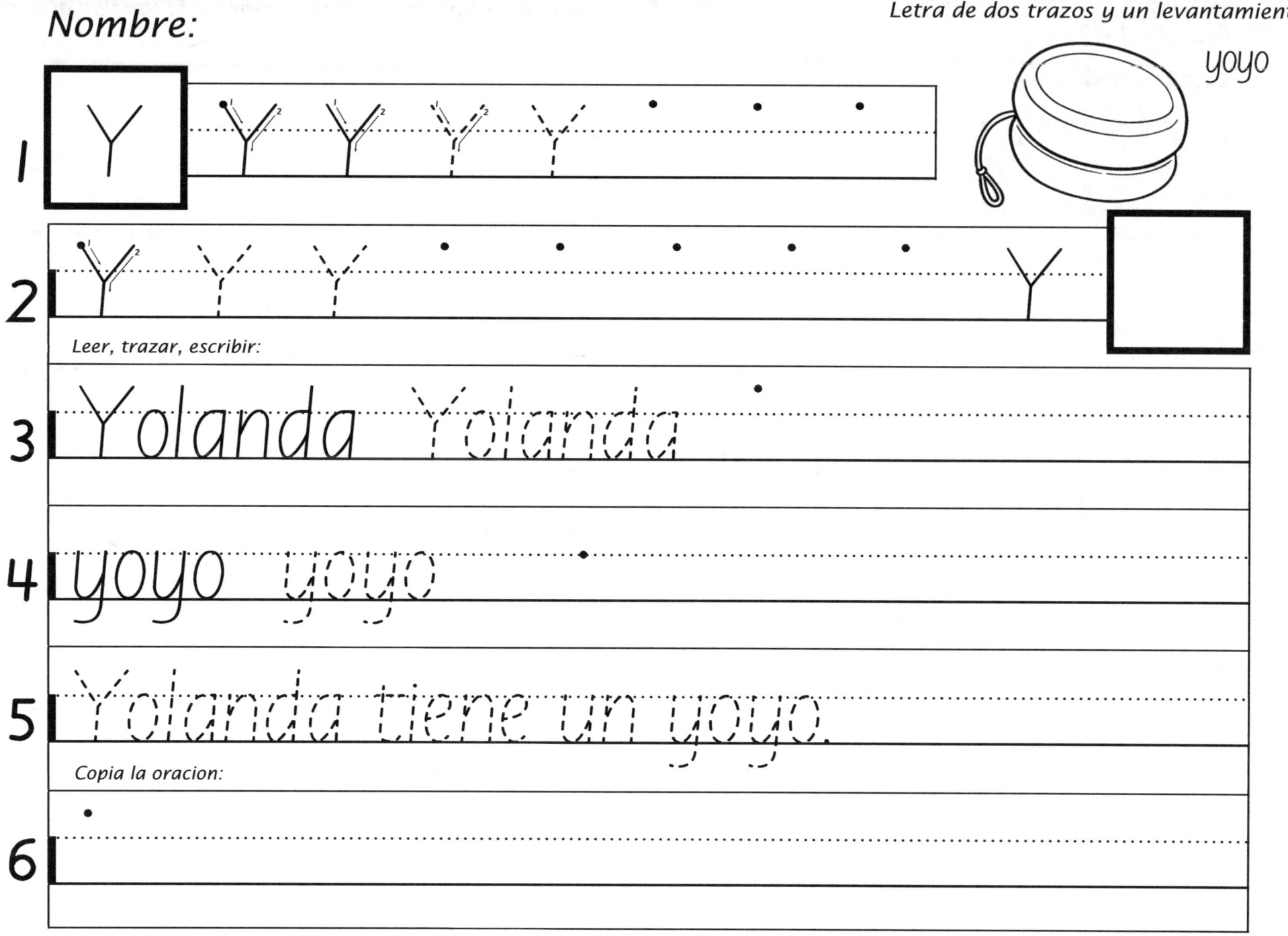

1 Y Y Y Y Y

2 Y Y Y Y Y

Leer, trazar, escribir:

3 Yolanda Yolanda

4 yoyo yoyo

5 Yolanda tiene un yoyo.

Copia la oracion:

6

9 mm

Nombre:

Letra de dos trazos y un levantamiento
dinosaurio

1. D D D D D

2. D D · · · · D

Leer, trazar, escribir:

3. Diego Diego

4. Diego dibuja un dinosaurio.

Copia la oracion:

5. Di

11 mm

Nombre: *Letra de solo trazo, sin levantamiento (familia u, y)*

yoga

1 y   y y y y

2 y y y   y

Leer, trazar, escribir:

3 yoga   yoga

4 yace   yace

5 Yamila yace durante el yoga.

Copia la oracion:

6

9 mm

Nombre:

Letra de dos trazos y un levantamiento

examen

1. X x x x x

2. x x x x x

Leer, trazar, escribir:

3. Xavier Xavier

4. examen examen

5. Xavier tiene un examen

Copia la oracion:

6.

9 mm

Nombre:

Letra de tres trazos y dos levantamientos

1. E E E E E

estrellas

2. E E E

Leer, trazar, escribir:

3. Elbio Elbio

4. Elbio cuenta las estrellas.

Copia la oracion:

5. Elbio

11 mm

Nombre:

Letra de dos trazos, y un levantamiento (familia k, v, w, x, z)

xilófono

1 X   x x x x

2 x x x   x

Leer, trazar, escribir:

3 Alex   Alex

4 xilófono   xilófono

5 Alex toca el xilófono.

Copia la oracion:

6

9 mm

Nombre:

Letra de un solo trazo, sin levantamiento

windsurf

1 W W W W W

2 W W W

Leer, trazar, escribir:

3 Wendy Wendy

4 windsurf windsurf

5 Wendy practica windsurf.

Copia la oracion:

6

9 mm

Nombre: Letra de un solo trazo, sin levantamiento (familia k, v, w, x, z)

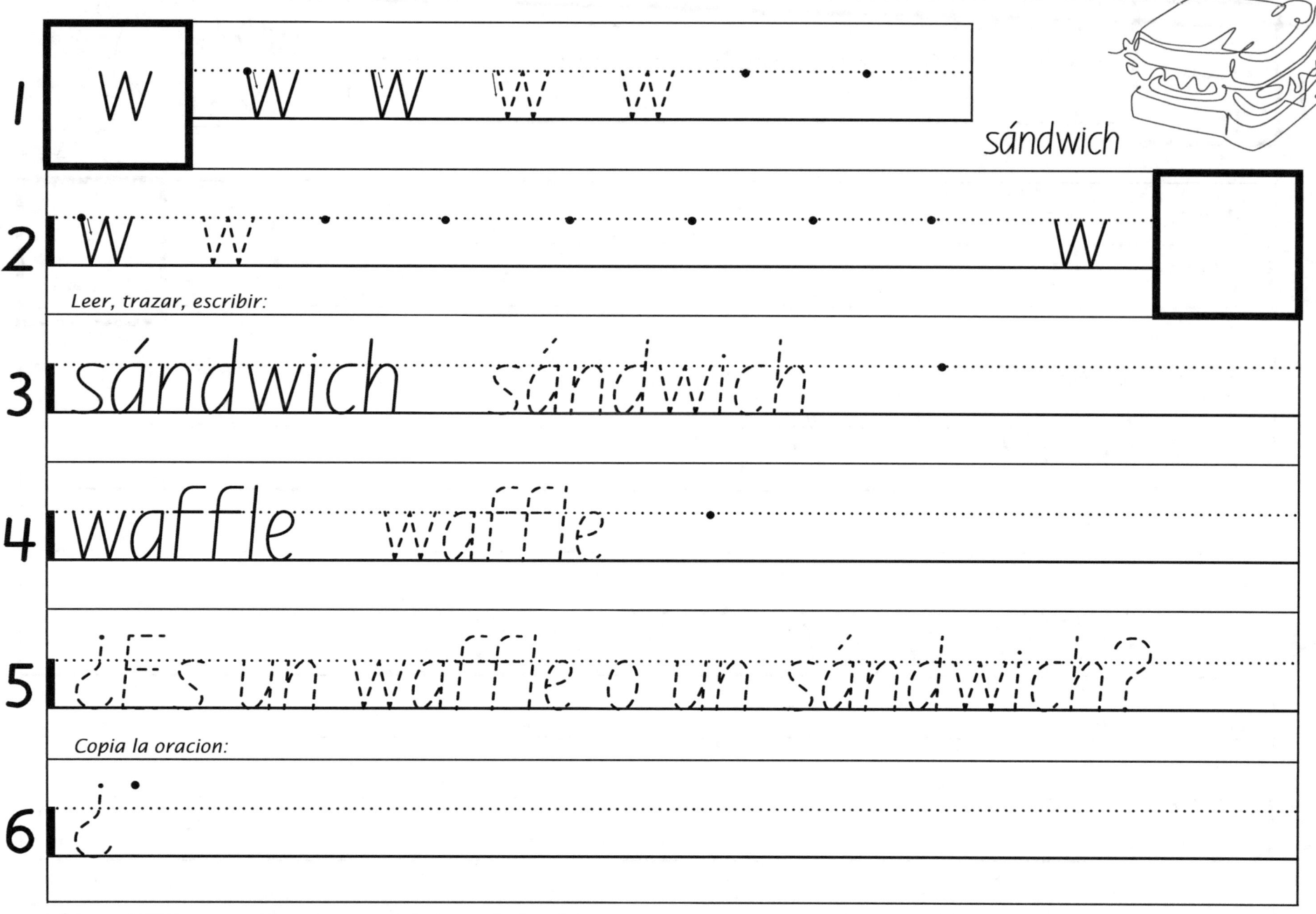

1. W w w w w w

sándwich

2. W w   W

Leer, trazar, escribir:

3. sándwich   sándwich

4. waffle   waffle

5. ¿Es un waffle o un sándwich?

Copia la oracion:

6. ¿

9 mm

Nombre:

Letra de un solo trazo, sin levantamiento (familia a, d, g, q)

1. g g g g g   girasol

2. g g   g

Leer, trazar, escribir:

3. girasol   girasol

4. El girasol es gigante.

Copia la oración:

5. El

11 mm

Nombre:

Letra de un solo trazo, sin levantamiento

1. V v v v v · ·

valle

2. v v v · · · · · v

Leer, trazar, escribir:

3. Viviana Viviana

4. valle valle

5. Viviana vive en el valle.

Copia la oracion:

6.

9 mm

Nombre:

Letra de dos trazos y un levantamiento

guitarra

1. G G G G G

2. G G G

Leer, trazar, escribir:

3. Gabriela Gabriela

4. Gabriela toca la guitarra.

Copia la oracion:

5. Gab

11 mm

Nombre:

Letra de un solo trazo, sin levantamiento (familia k, v, w, x, z)

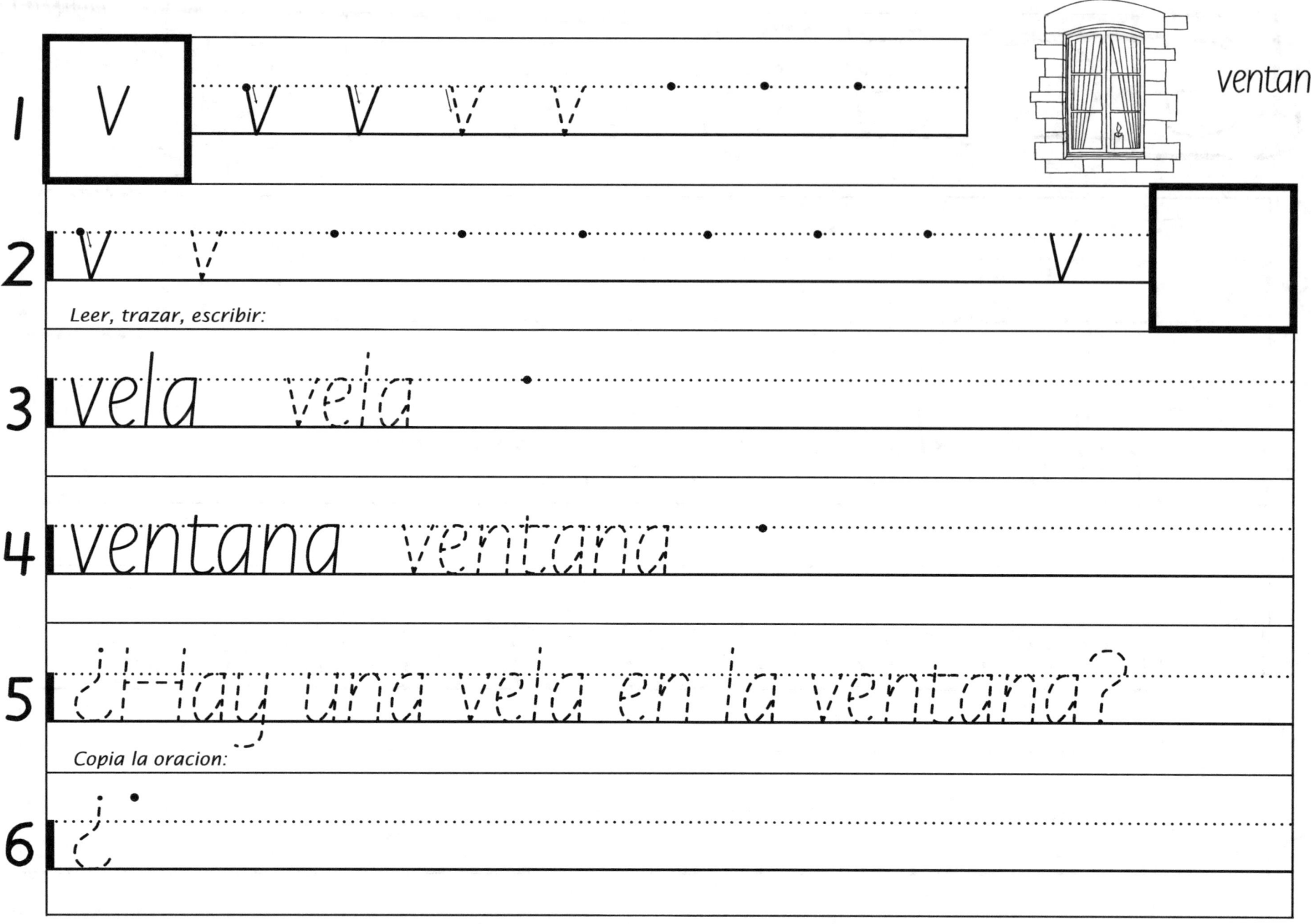

ventana

1. V v v v v v v v
2. v v v v v v v v
Leer, trazar, escribir:
3. vela vela
4. ventana ventana
5. ¿Hay una vela en la ventana?
Copia la oracion:
6. ¿

9 mm

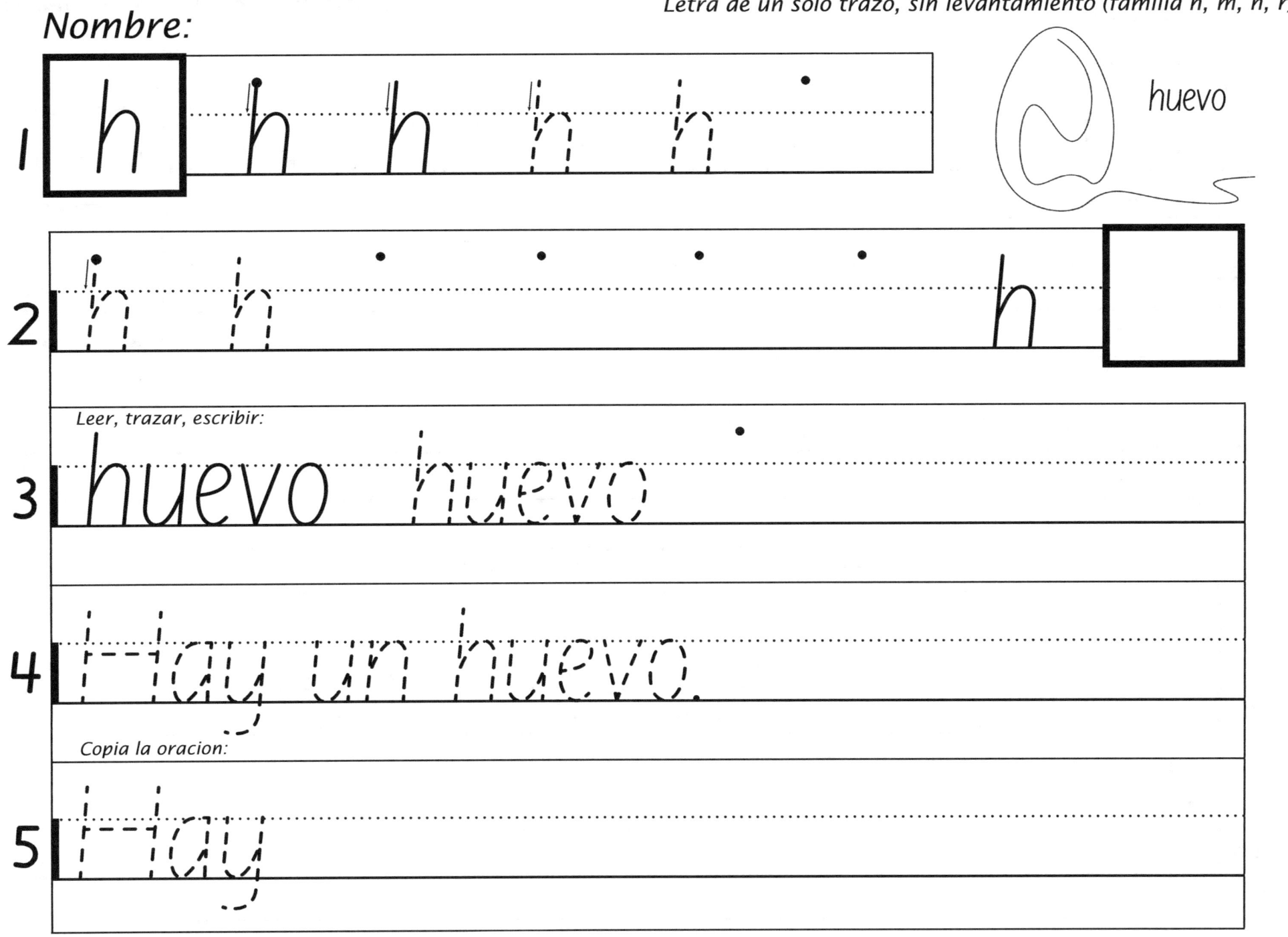

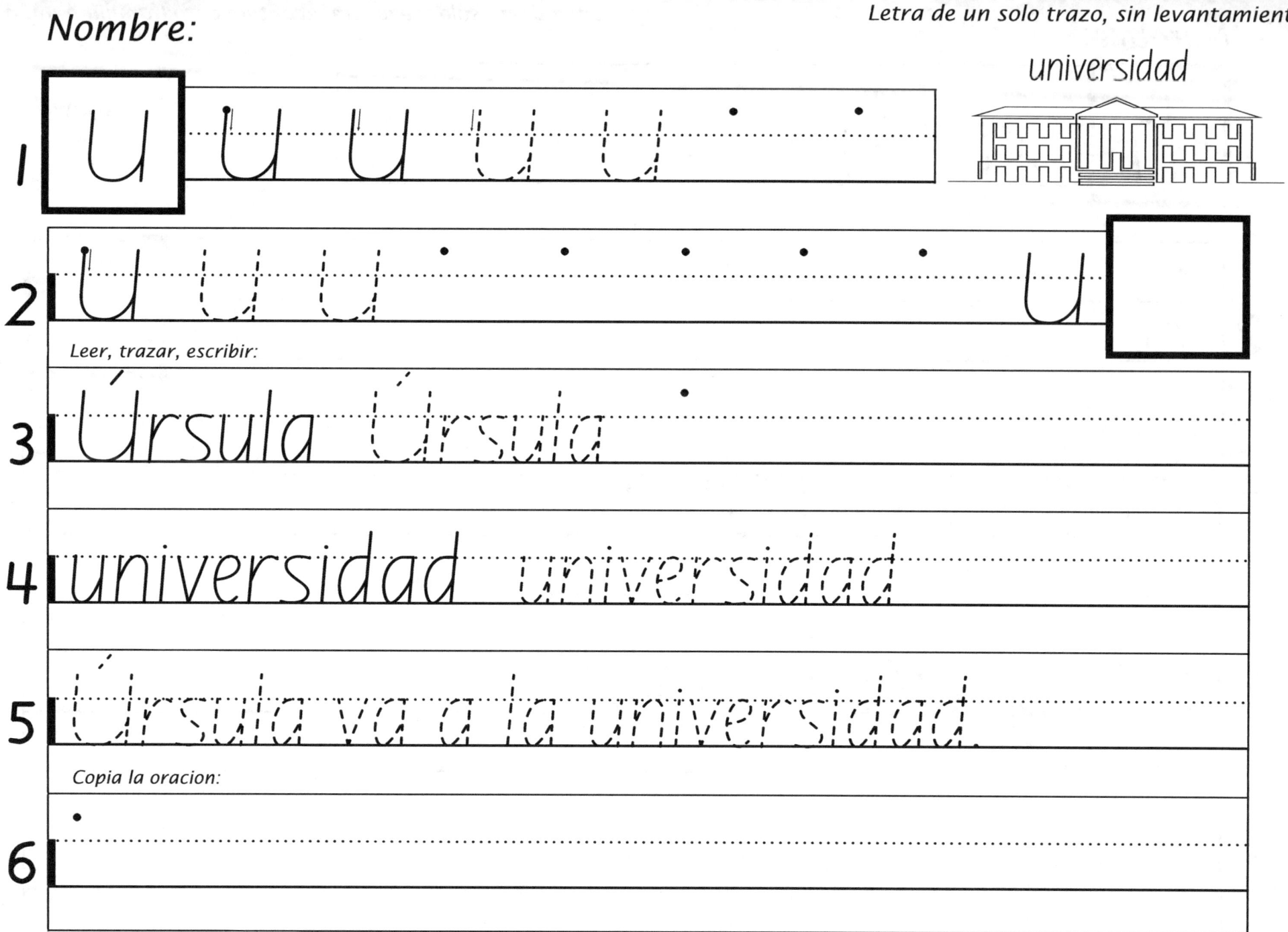

Nombre:

Letra de dos trazos y un levantamiento (familia i, j, l)

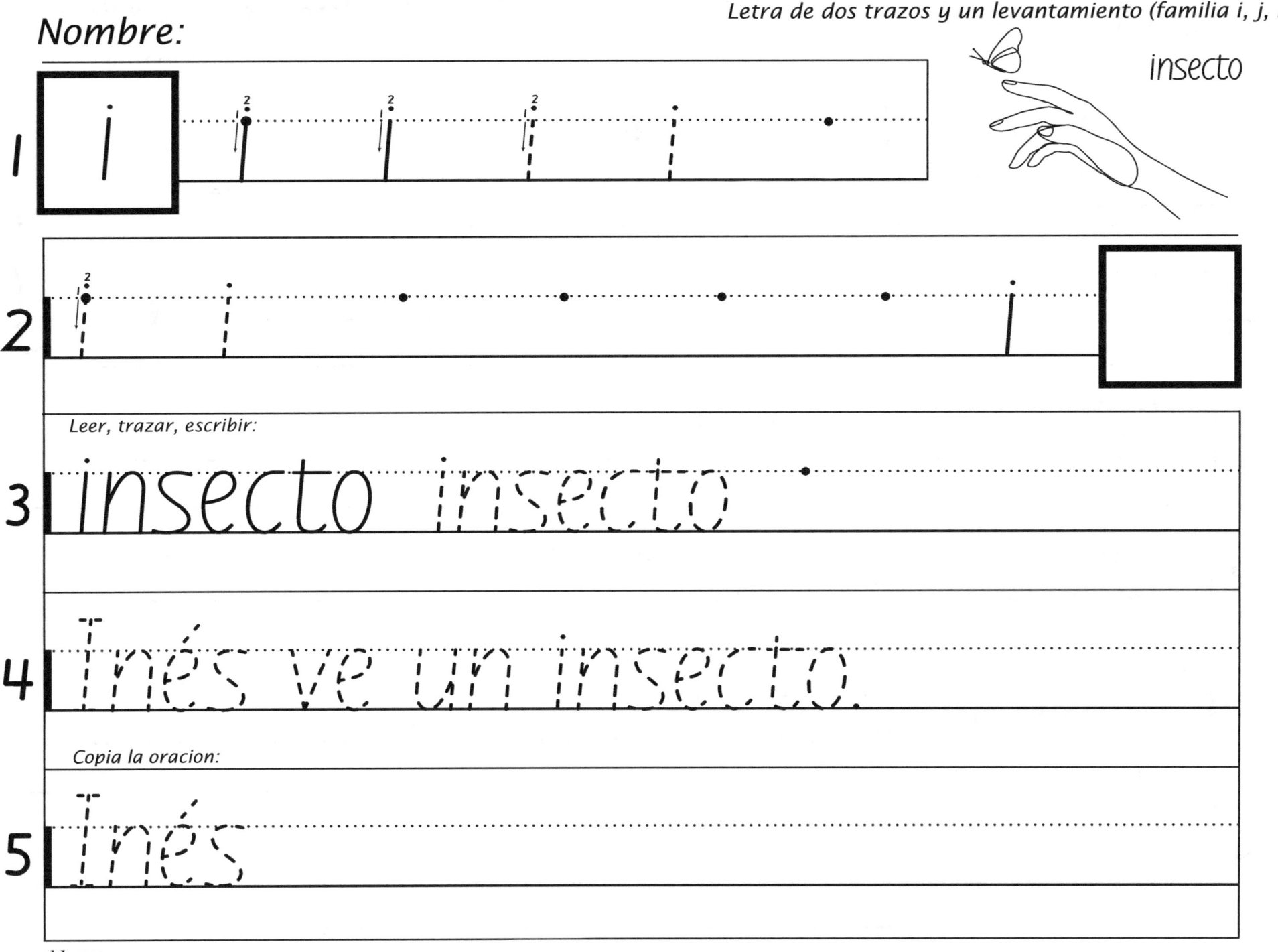

insecto

1. i

2.

Leer, trazar, escribir:

3. insecto insecto

4. Inés ve un insecto.

Copia la oracion:

5. Inés

11 mm

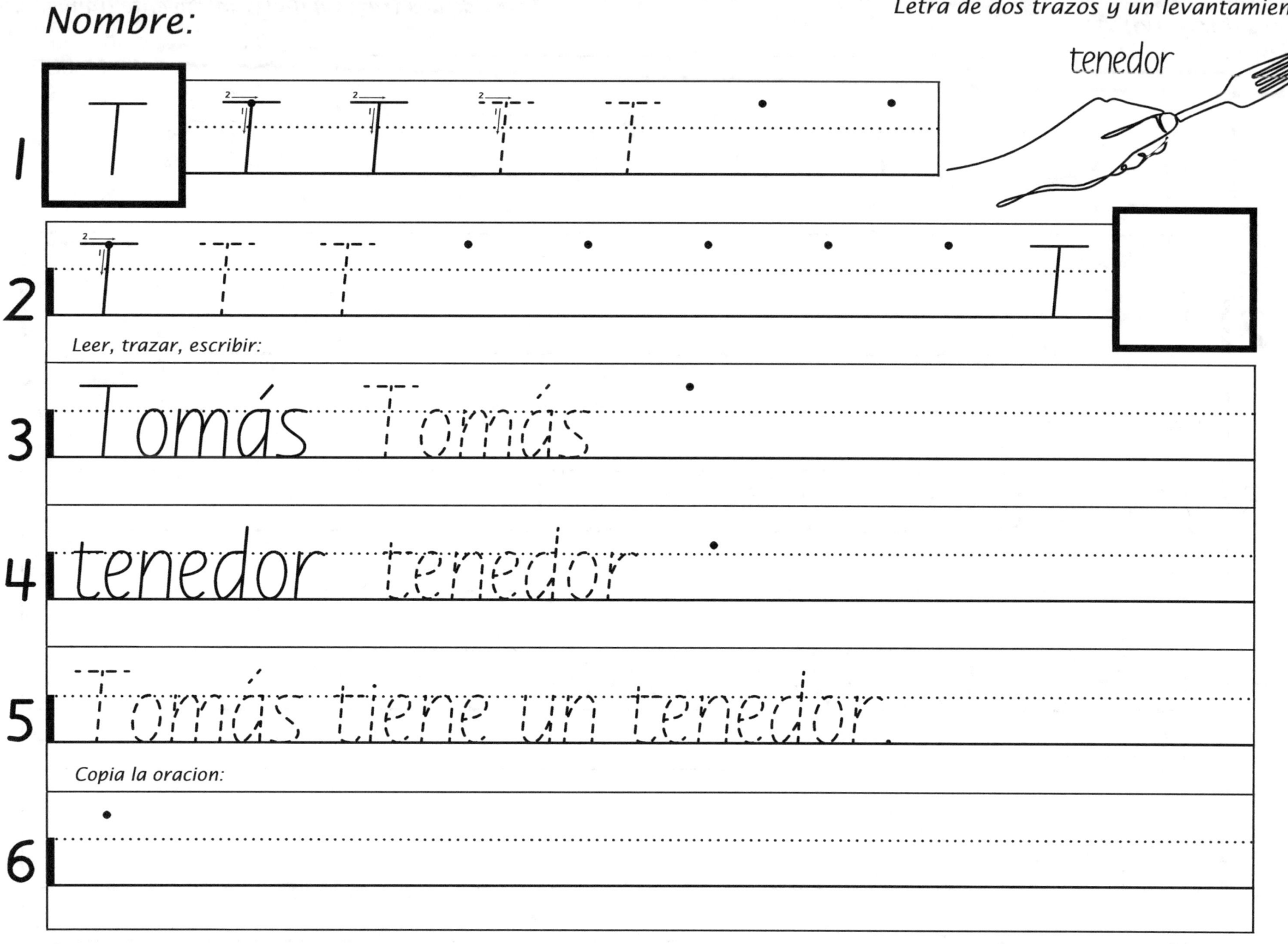

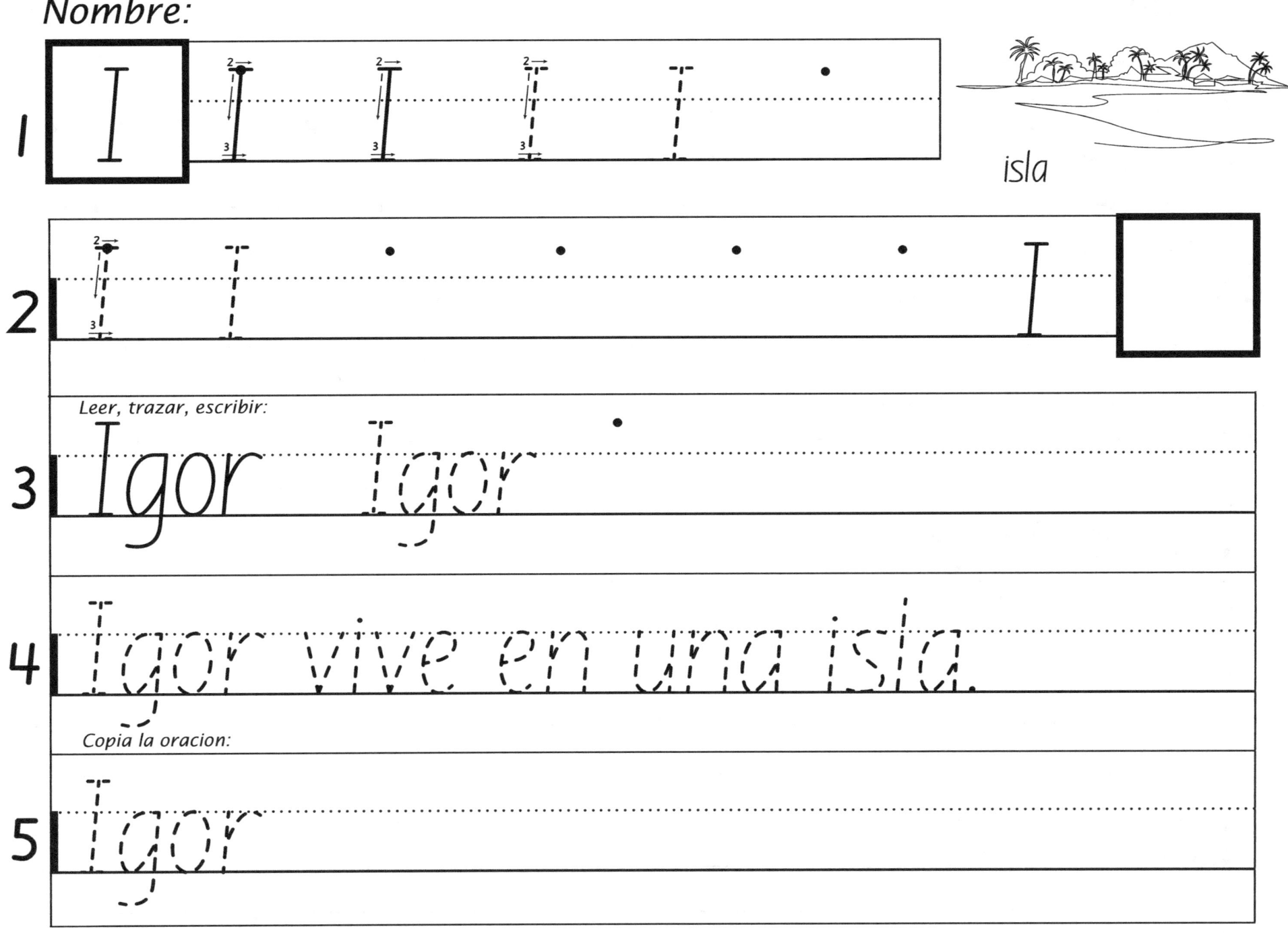

Nombre:

Letra de dos trazos y un levantamiento (familia i, j, l)

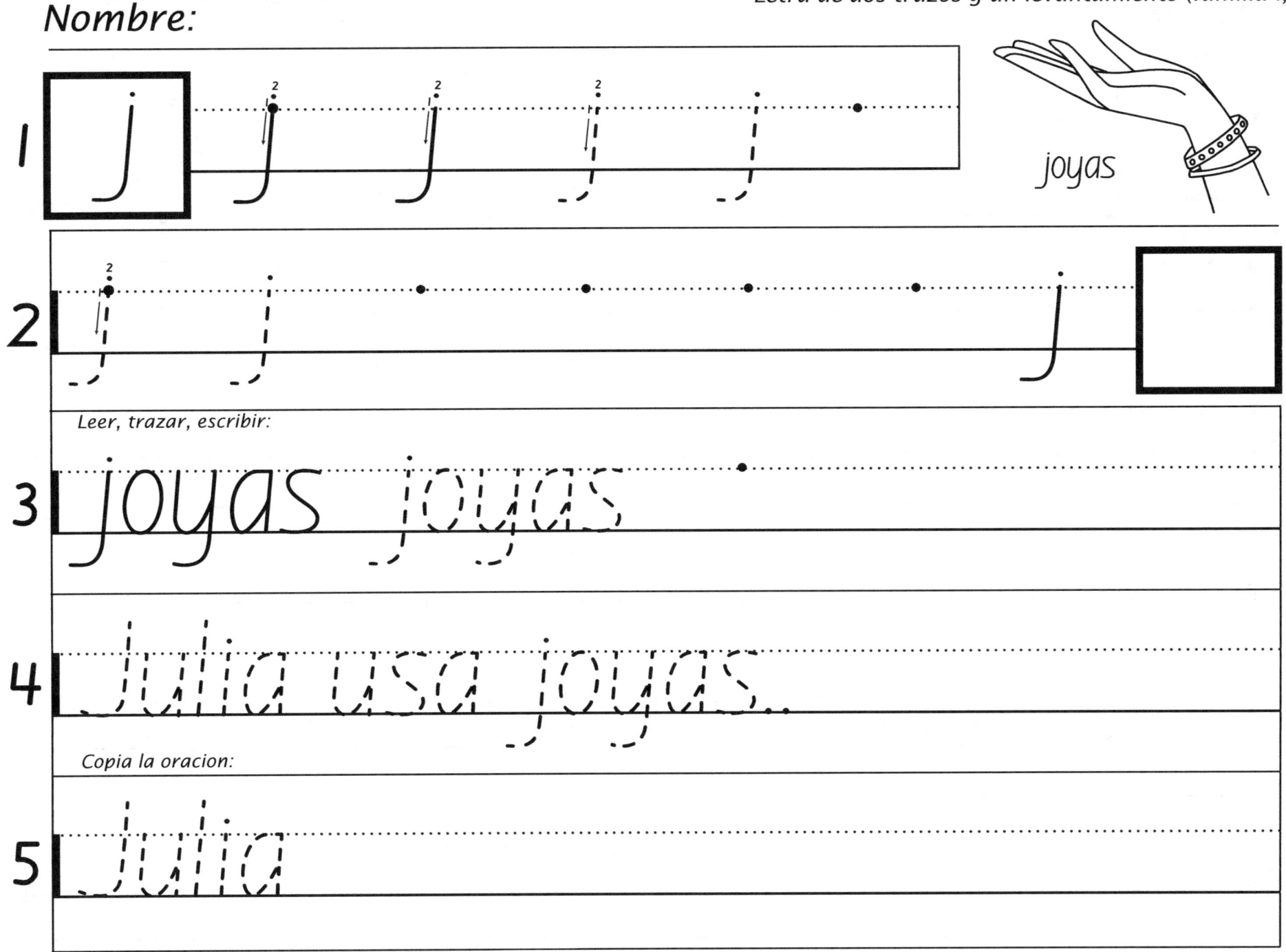

joyas

1 j j j j j

2 j j j j j j

Leer, trazar, escribir:

3 joyas joyas

4 Julia usa joyas.

Copia la oracion:

5 Julia

11 mm

Nombre:

Letra de un solo trazo, sin levantamiento

1. S s s s s

silla

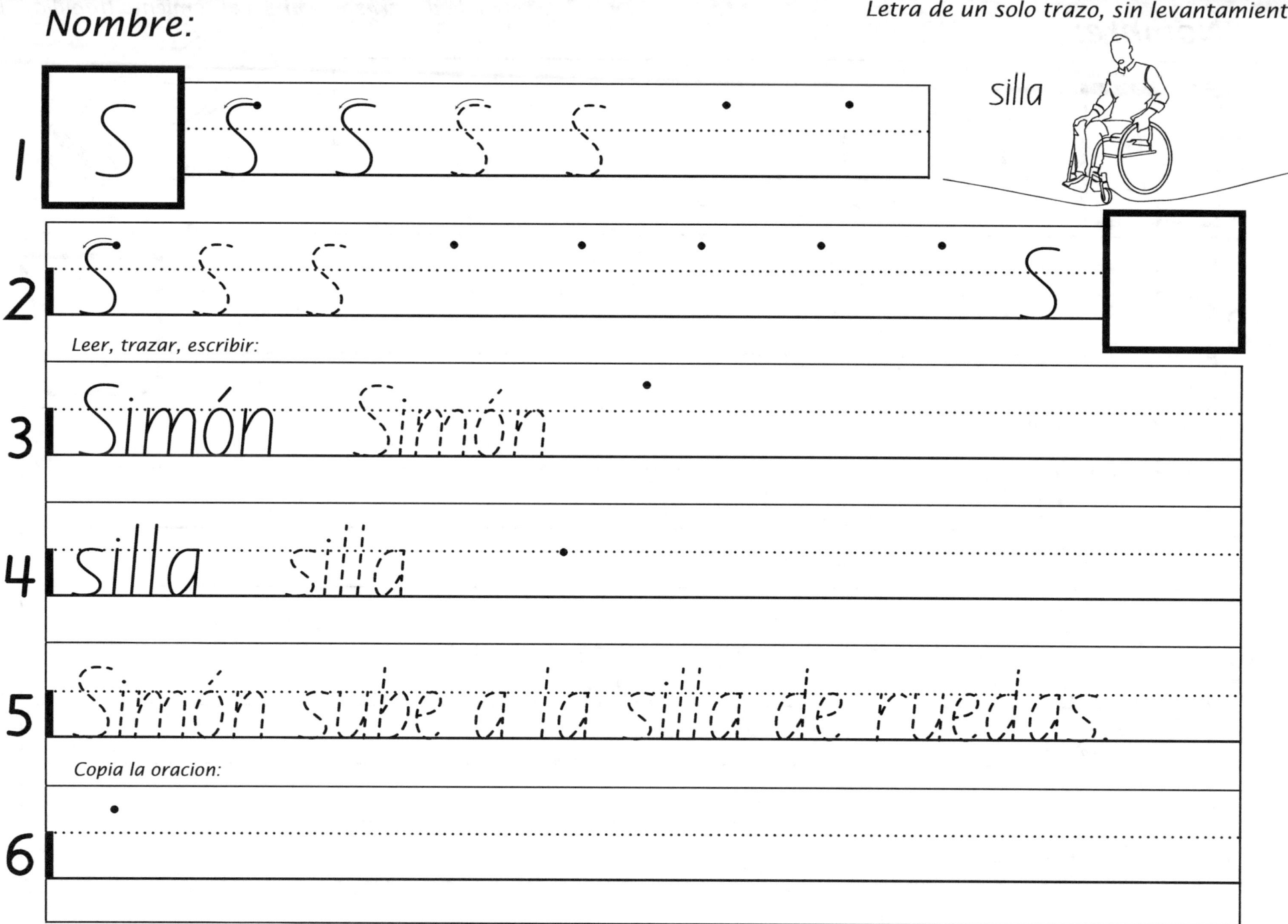

2. s s s s

Leer, trazar, escribir:

3. Simón Simón

4. silla silla

5. Simón sube a la silla de ruedas.

Copia la oracion:

6.

9 mm

Nombre:

Letra de un solo trazo, sin levantamiento

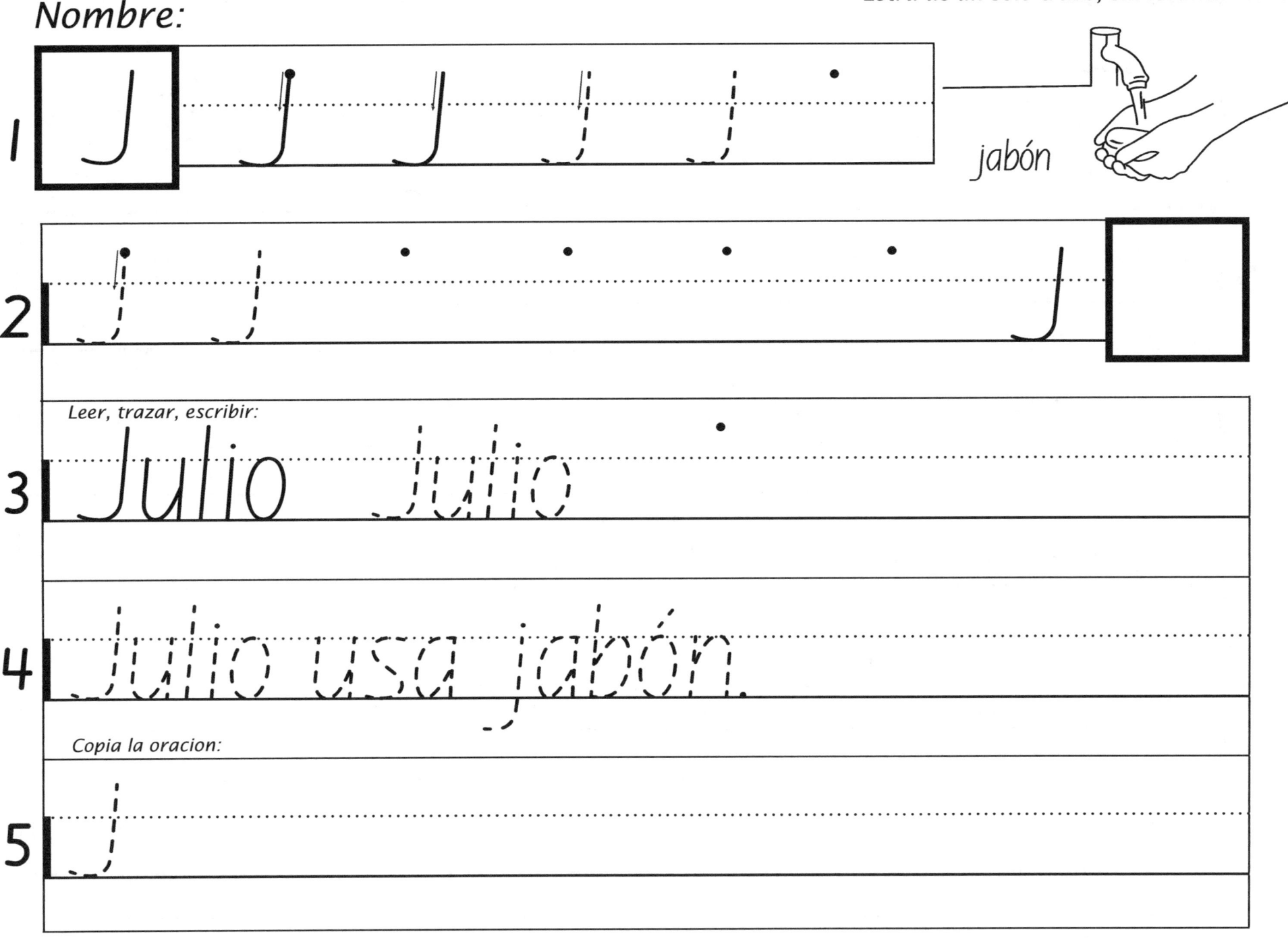

jabón

Leer, trazar, escribir:

Julio   Julio

Julio usa jabón.

Copia la oracion:

11 mm

Nombre:

Letra de un solo trazo, sin levantamiento (familia c, e, o, s)

sombrero

1 | s s s s s

2 | s s s

Leer, trazar, escribir:

3 | sombre sombre

4 | sombrero sombrero

5 | Santiago lleva un sombrero.

Copia la oracion:

6 |

9 mm

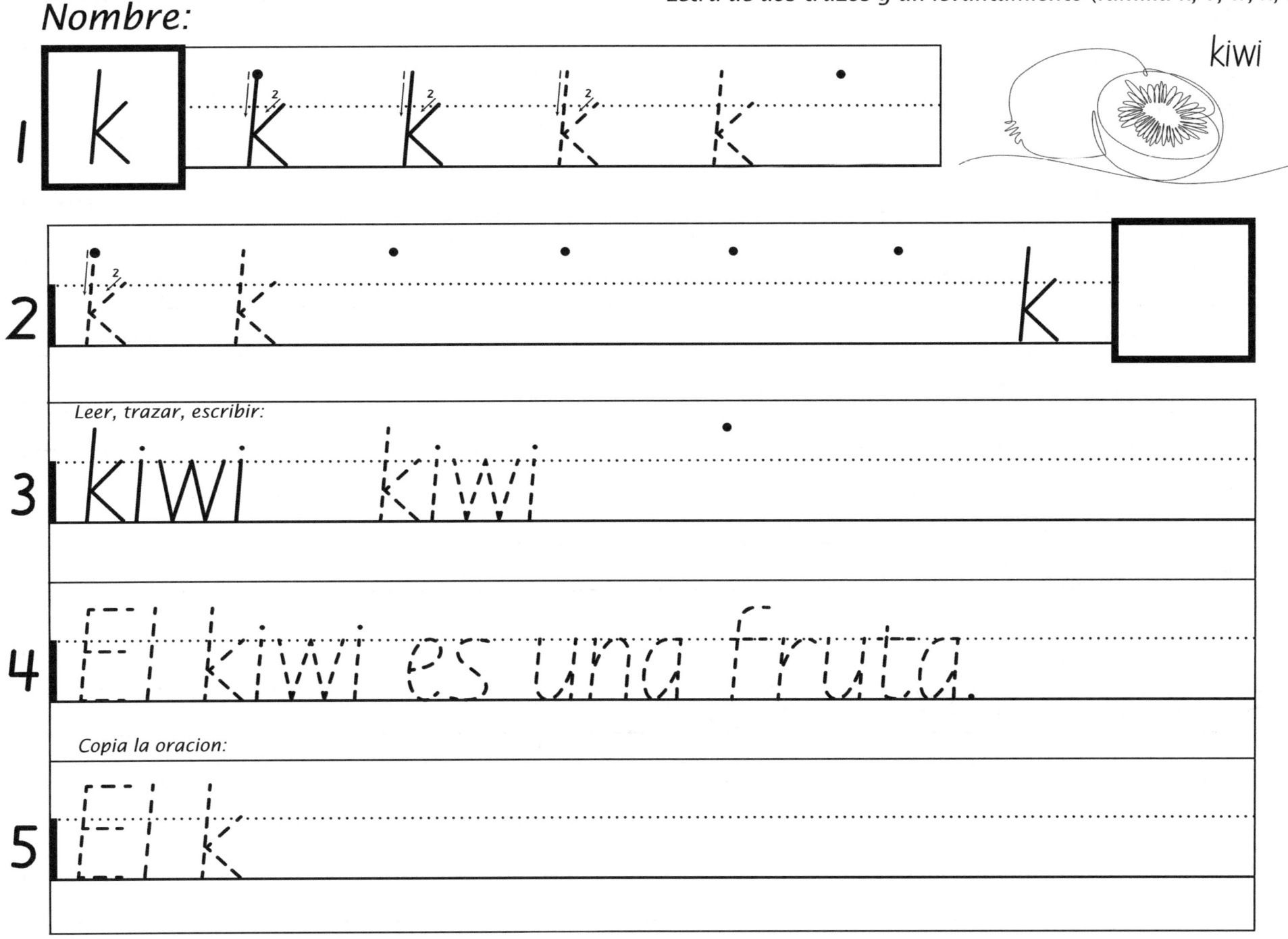

Nombre:

Letra de tres trazos y dos levantamientos

1. R R R R R R

regalo

2. R R R R R

Leer, trazar, escribir:

3. Rafael Rafael

4. regalo regalo

5. Rafael recibe un regalo.

Copia la oracion:

6.

9 mm

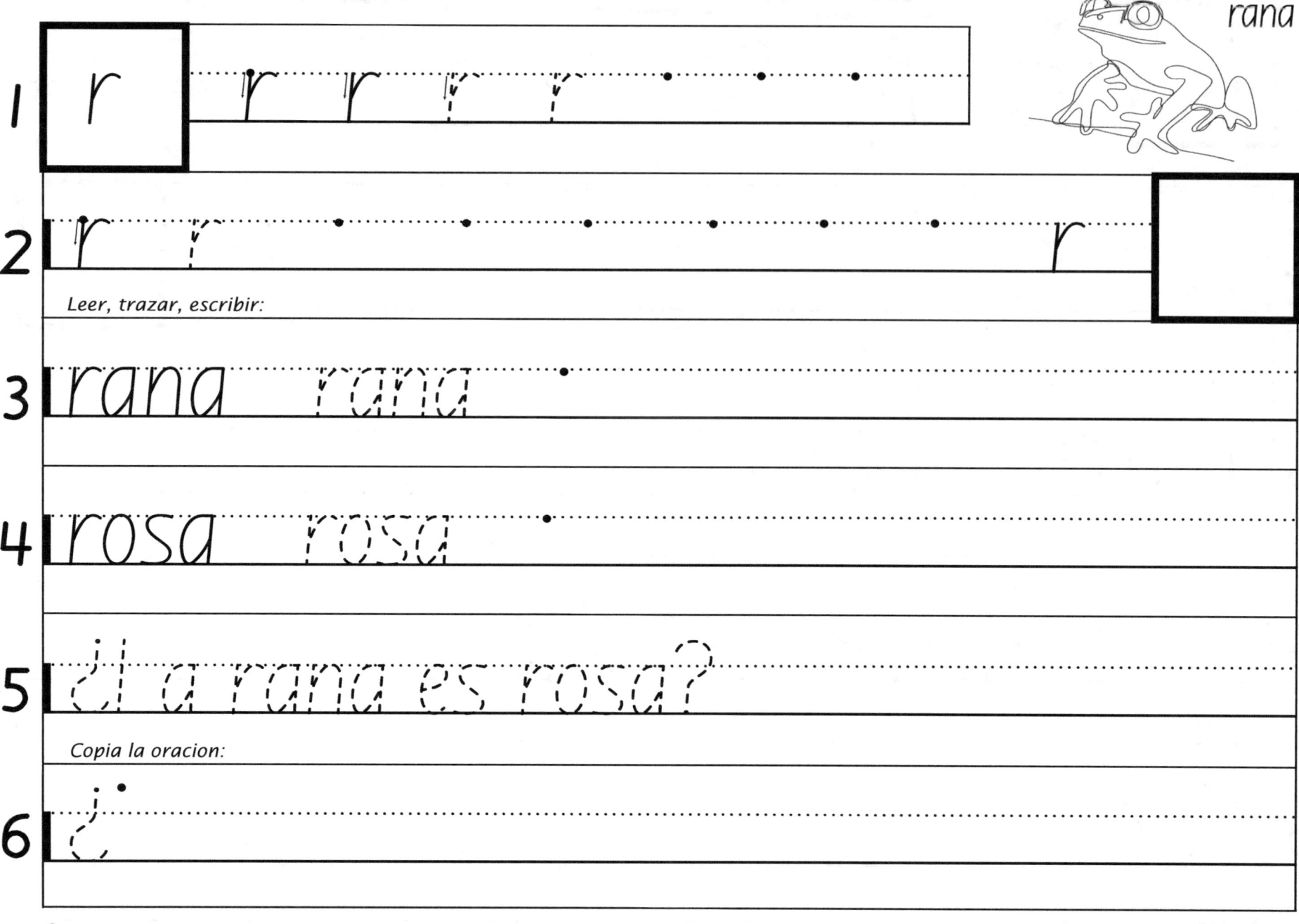

Nombre:

Letra de un trazo, sin levantamiento (familia i, j, l)

llave

Leer, trazar, escribir:

3 llave   llave

4 Luciana tiene una llave.

Copia la oracion:

5 l

11 mm

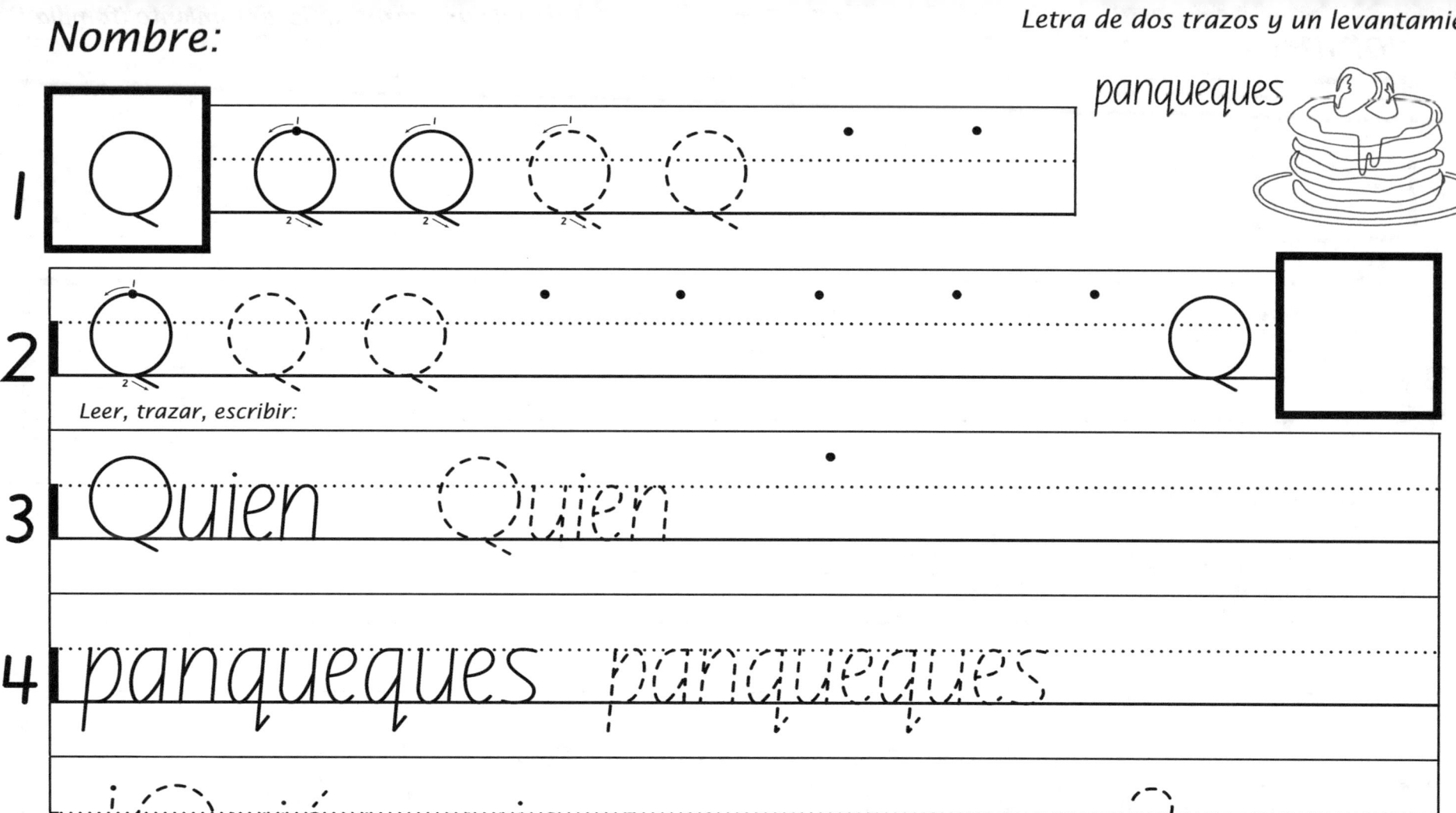

Nombre:

Letra de un trazo, sin levantamiento

libro

1. L L L L L

2. L L L

Leer, trazar, escribir:

3. Luis Luis

4. Luis lee el libro.

Copia la oracion:

5. L

11 mm

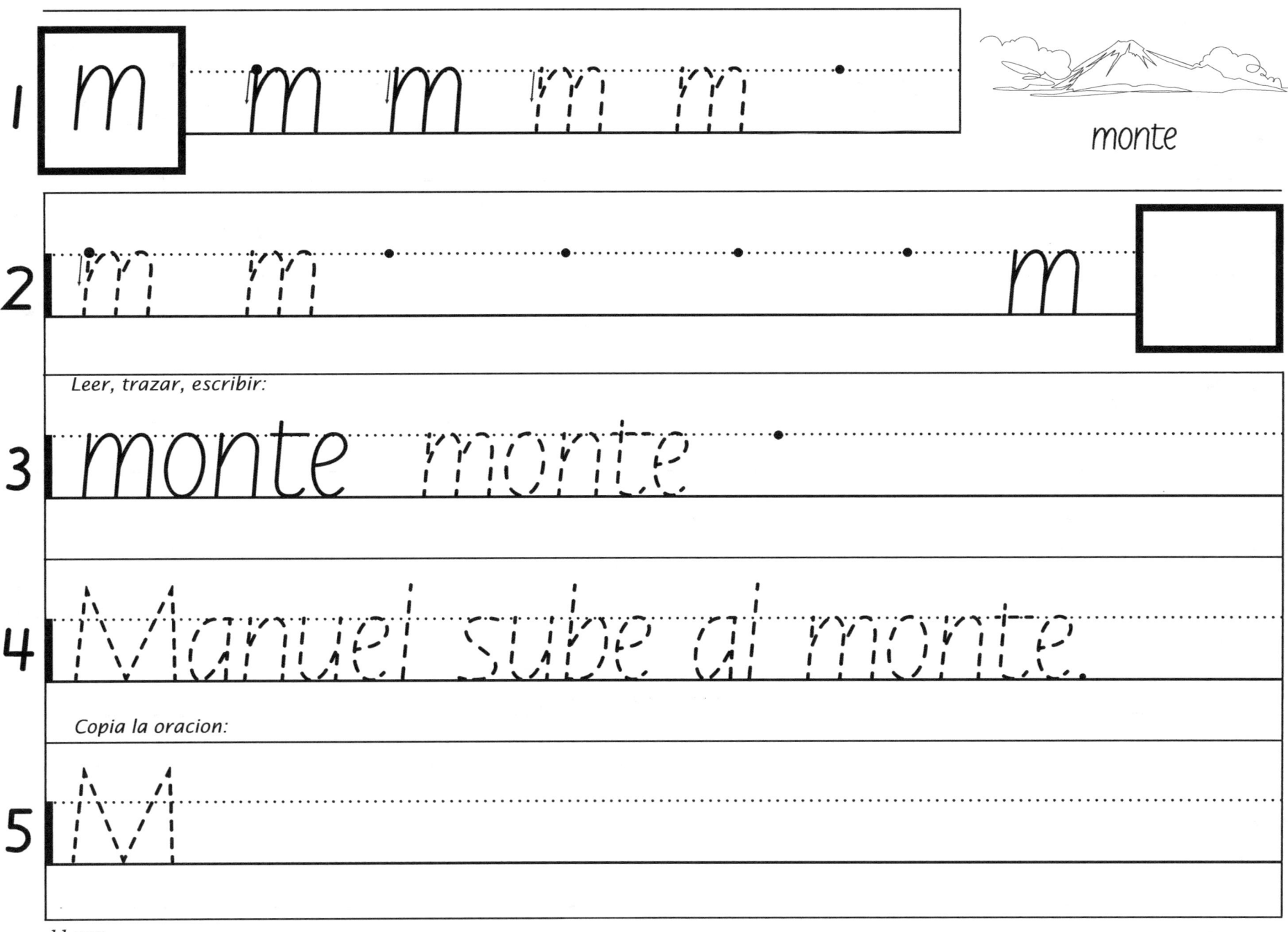

Nombre:

Letra de dos trazos y un levantamiento

1. P P P P P   pizza

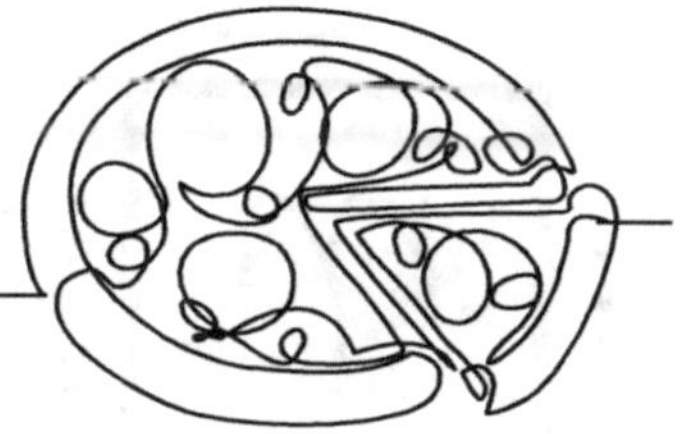

2. P P P P

Leer, trazar, escribir:

3. Pedro Pedro

4. pizza pizza

5. Pedro pide una pizza.

Copia la oracion:

6.

9 mm

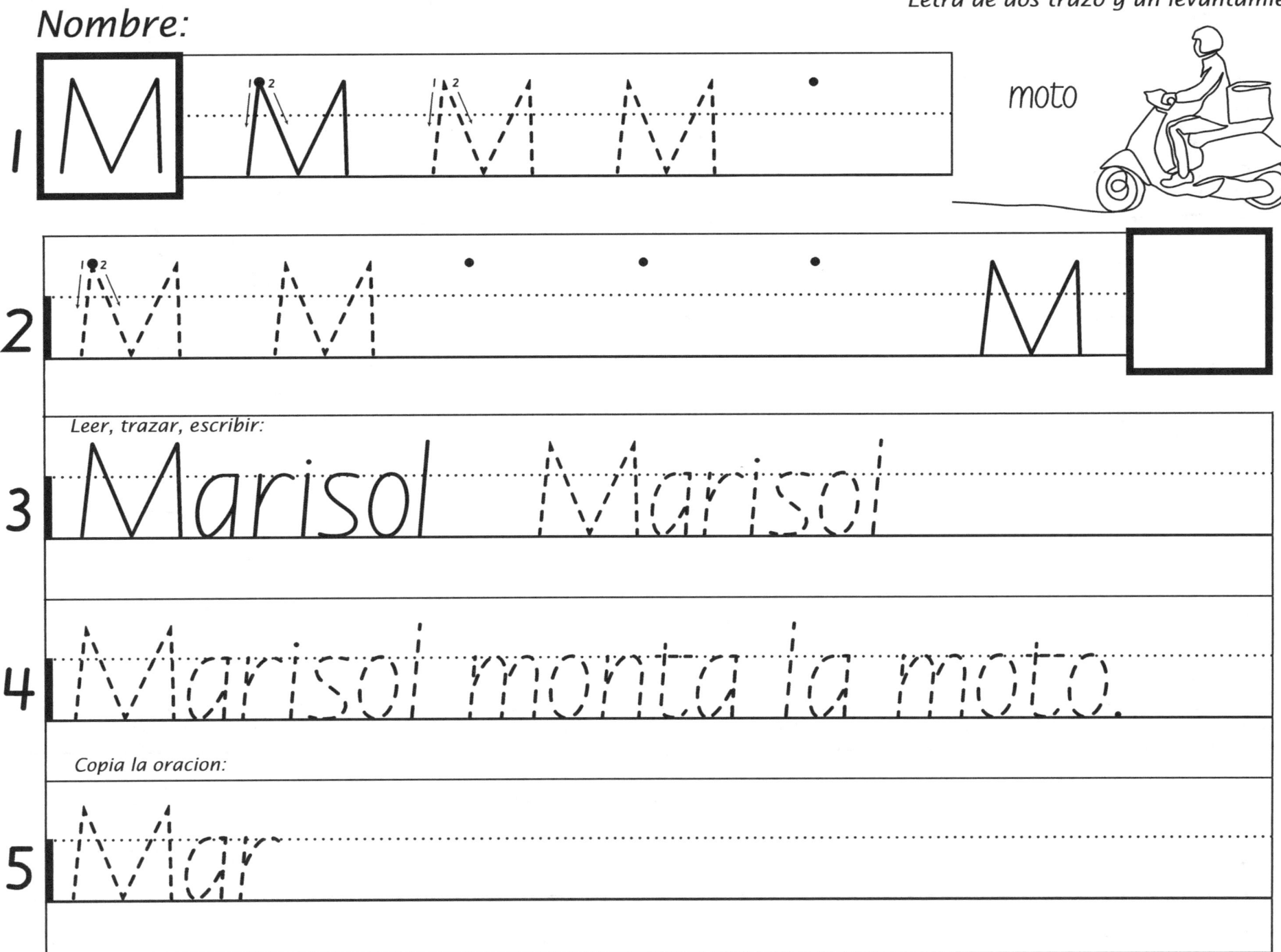

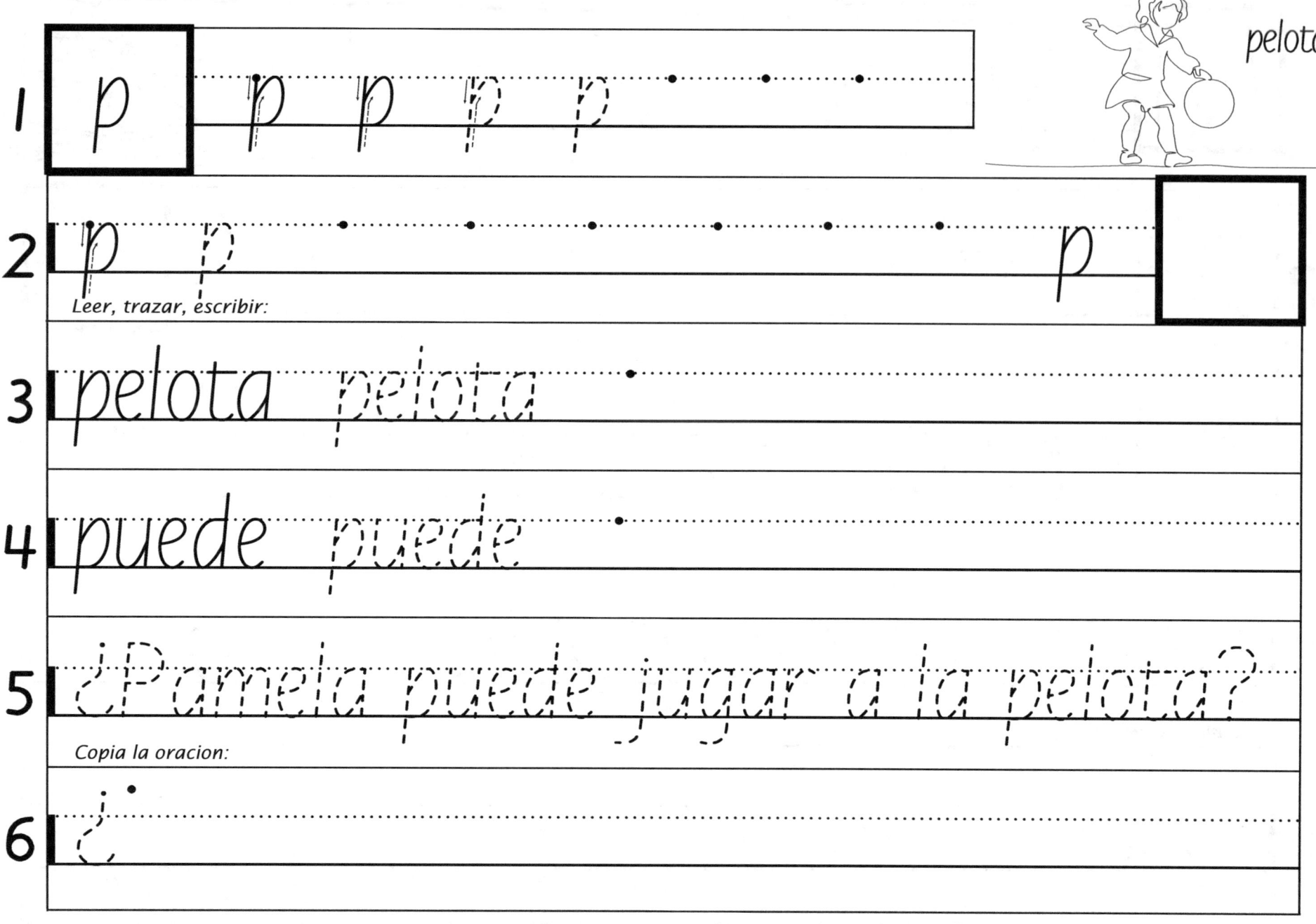

Nombre:

Letra de un solo trazo, sin levantamiento (familia h, m, n, r)

1. n n n n n

nido

2. n n n

Leer, trazar, escribir:

3. nido nido

4. El pájaro tiene un nido.

Copia la oración:

5. El

11 mm

Nombre:

Letra de un solo trazo, sin levantamiento

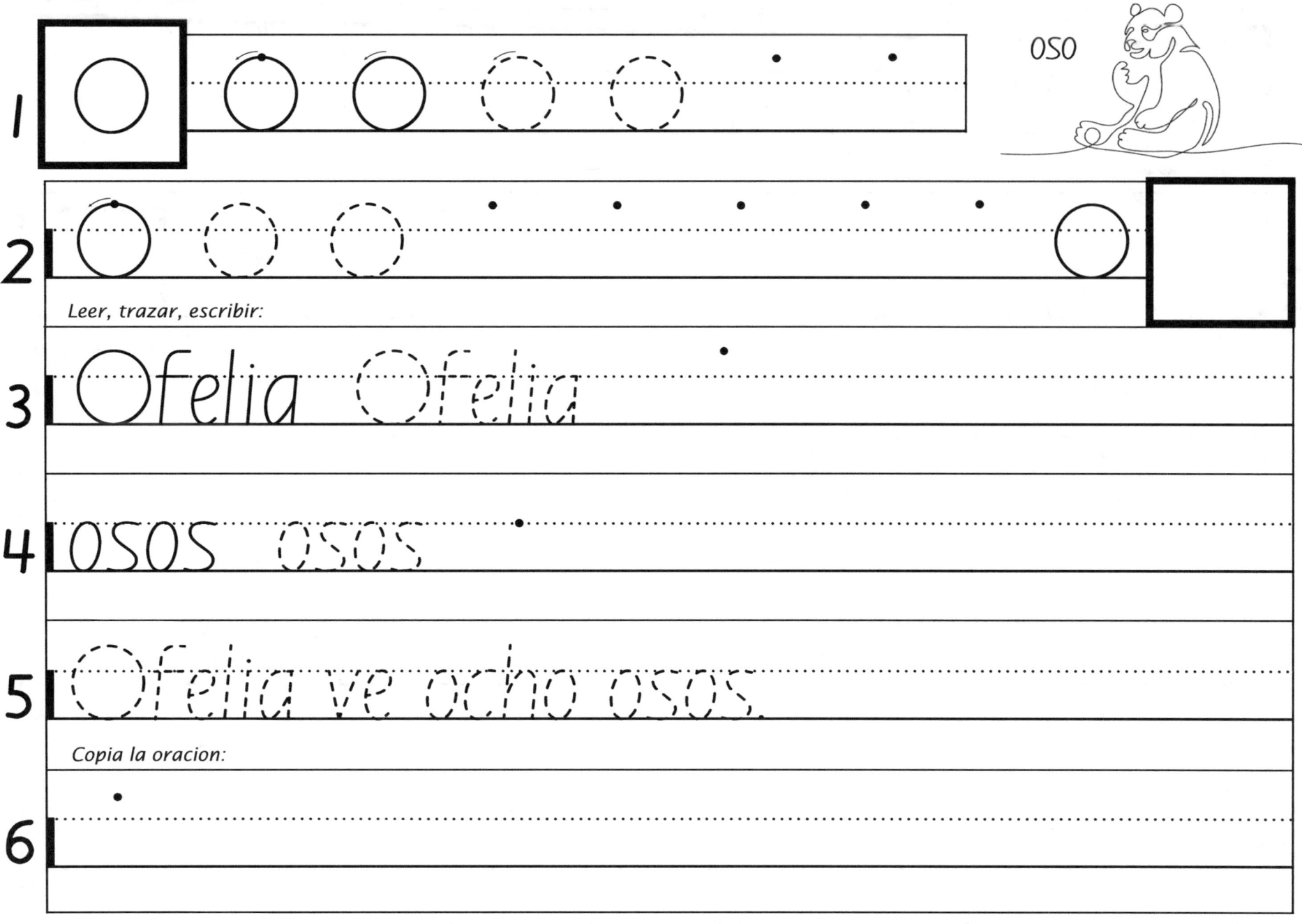

oso

Leer, trazar, escribir:

3 Ofelia Ofelia

4 osos osos

5 Ofelia ve ocho osos.

Copia la oracion:

9 mm

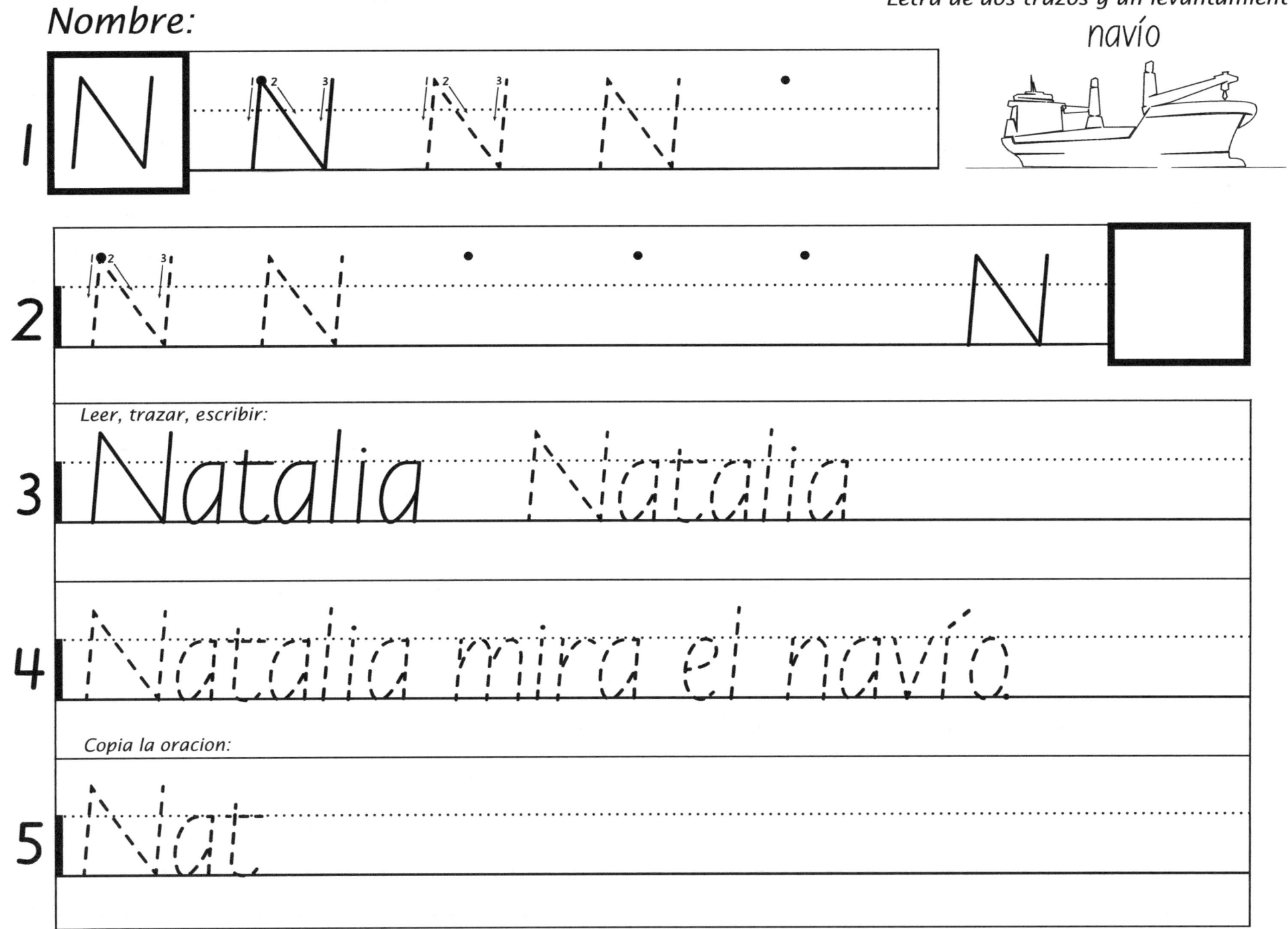

Nombre:

Letra de un solo trazo, sin levantamiento (familia o, e, c, s)

 octágono

1. o o o o o
2. o o o

Leer, trazar, escribir:

3. octágono octágono
4. alto alto
5. La señal es un octágono.

Copia la oracion:

6.

Esta es la primera página que utiliza un espacio de 9 mm entre las líneas de escritura.